KB097311

영어 계급사회

영어 계급사회

초판 1쇄 펴낸 날 | 2012년 2월 7일
초판 2쇄 펴낸 날 | 2012년 3월 20일

지은이 | 남태현
펴낸이 | 박재영
편집 | 강곤
종이 | (주)월드페이퍼
출력 | 위너스 프린팅
인쇄 · 제본 | 영신사

펴낸곳 | 도서출판 오월의봄
주소 | (413-756) 경기도 파주시 문발동 파주출판도시 516-2 401호
등록 | 제406-2010-000111호
전화 | 070-7704-5018 팩스 | 0505-300-0518
이메일 | navisdream@naver.com 트위터 | @oohbom 블로그 | blog.naver.com/maybook05

ISBN 978-89-966875-5-9 03300

영어 계급사회

누가 대한민국을 영어 광풍에 몰아 넣는가

| 남태현 지음 |

오월의봄

아내 김종숙에게 이 책을 바칩니다.

들어가는 말

우리는 왜 영어에 목을 맬까?

아이들이 영어만 잘할 수 있다면

지난 2010년 여름, 저는 9년 만에 고국을 찾았습니다. 여름이 오기 몇 달 전부터 달라져 있을 고향과 친구, 가족들을 볼 생각에 가슴이 뛰었습니다. 무엇보다도 처음 한국에 가는 두 아들에게 많은 것을 보여주고, 느끼게 해주고 싶었습니다. 그렇게 도착한 한국은 공항에서부터 예사롭지 않은 모습이었습니다. 옛날에 학교로 가던 버스 노선도 다 사라지고, 사람들은 핸드폰으로 요금을 내며 버스를 타더군요. 지하철 창문에 광고가 뜨고 거리의 아파트

들은 그새 두세 배는 키가 자랐습니다.

이런 겉모습에 입을 다물지 못하던 것도 잠시, 저희 내외는 한국 어린아이들에게서 놀라운 점을 발견했습니다. 애초에 저희가 한국을 방문하기로 하며 바랐던 것은 우리 아이들이 한국말을 많이 배웠으면 하는 것이었습니다. 첫째아이는 그나마 혼자 노는 시간이 많았고 집에서 저희와 말을 많이 한 덕에 능숙하게 한국말을 구사합니다. 하지만 둘째아이와 셋째아이는 연년생이어서 둘이 보내는 시간이 많았고, 자연스레 영어로 대화를 시작하더군요. 텔레비전을 보고 거기에 나오는 인물들의 말을 따라하며 노는 아이들에게 한국말로 통역해서 놀라고는 할 수 없었습니다. 그러다보니 아이들은 서로 영어로 말을 하게 되었습니다. 게다가 학교에 진학한 이후로는 한국어로 대화하는 일이 거의 없어졌습니다

저는 아이들이 한국에 가서 한국 친구를 사귀는 모습을 보고 싶었습니다. 한국어를 많이 배우지는 못할지라도 한국말을 하는 또래 아이들과 친숙하게 되면 자연히 한국말도 늘겠지 하고 기대했던 것이지요. 하지만 곧 저희는 이상한 점을 발견하게 되었습니다. 놀이터에서 만난 또래 아이들이 영어로 말을 하고 있는 것이었습니다. 궁금해서 물어보니 외국어 학교를 다닌다고 하더군요. 놀란 것은 저희 아이들도 마찬가지였습니다.

"아빠, 한국 애들이 영어를 해!"

하지만 이들뿐이 아니더군요. 제 친구의 아이들 중에서도 영어로 대화하는 애들이 많았습니다. 물론 외국에서 태어난 아이도 있고, 어릴 때 미국에서 공부하고 온 아이도 있었습니다. 어쨌든 저희 애들이 여기서 친구들과 놀며 한국말을 배우리라는 기대는 물거품이 됐죠. 아이들이 함께 놀고 있는 모습을 보고 있노라면 저희가 미국에서 한국 가정을 방문한 것 같은 착각이 들 정도였습니다. 저희 애들이 놀기에는 편했을지 모르겠지만 저희로서는 충격이었습니다. 한국 애들인데 한국에서 한국말을 안 한다니. 여러 사정이 있고 이유가 있겠지만 참 어색한 광경이 아닐 수 없었습니다.

미국에 있으면서 자녀 교육을 위해 한국에서 오는 분들을 심심치 않게 만날 수 있었습니다. 그분들에게서 하나같이 듣는 이야기는 한국에서 영어공부 시킬 돈이면 미국에 오는 편이 낫다는 것이었습니다. 그만큼 한국의 교육이 경쟁적이고 사람을 피곤하게 한다는 반증이죠. 그분들의 말씀에 수긍할 수밖에 없는 것이 신문으로 보는 한국의 교육 현실은 멀리서 봐도 너무나 힘들어 보였습니다. 하지만 막상 한국에 와서 보니 한국 사회의 영어에 대한 집착은 도저히 정상적이라고 할 수 없었습니다.

아내와 딸과 함께 대학로를 찾았습니다. 들뜬 마음으로 거리 구경을 하고 있는데 유치원 학생들이 보였습니다. 소풍이나 견학을 나온 듯했습니다. 아이들이 귀엽다고 생각하고 있는데 아무리 봐도 뭔가 이상해 보였습니다. 선생님 대부분이 백인이었고, 아이들 모두 영어로 말하고 있었습니다! 버스를 보니 강남의 무슨 영어 유치원이더군요. 속으로 '아, 이게 말로만 듣던 영어 유치원이구나' 싶었습니다. 씁쓸했습니다. 거리는 어디를 둘러봐도 영어 학원이고, 영어공부를 시키는 것이 모든 부모의 지대한 관심사였습니다. 그리고 영어 능력의 성취를 위해서라면 많은 것(심지어 가족의 행복과 유대까지)을 포기할 것 같은 기세에 놀라지 않을 수 없었습니다.

물론 이러한 현상이 한국만의, 그리고 요새만의 현상은 아닙니다. 18~19세기 유럽 귀족층 사이에서는 프랑스어를 쓰는 것이 대유행이었습니다. 러시아, 프러시아(나중에 독일), 스웨덴, 오스트리아, 심지어 미국에서도 귀족-특권층들은 주로 프랑스어로 대화를 했습니다. 프러시아의 유명한 황제인 프레데리크 대제Frederick the Great도 모국어인 독일어는 하인들에게나 예외적으로 썼습니다.[1] 러시아도 사정이 다르지 않아 모국어로 쓴 소설은 대부분 하류로 취급받았고, 귀족들은 아예 자녀들에게 러시아어를 쓰지 못하도록 했습니다. 프랑스어와 함께 프랑스의 계몽주의와 자유주의 전통을 중심으로 한 정치사상이 크게 유행하기도 했습니다.

한국에서도 삼국시대부터 한자는 늘 지배계급의 문자였습니다.

18세기 조선의 천재라고 알려진 박지원이 1780년 중국을 여행하며 쓴 《열하일기》를 읽어보면 그때까지도 (한글 창제가 1443년입니다) 중국에 사신으로 간 사람들은 글을 써서 중국인과 대화를 할 수 있었죠. 우리 현대사를 보더라도 미군정 시기와 대한민국 건국 초기에 영어를 잘한다는 이유만으로 출세하는 사람들이 많았습니다. 하지만 한문과 유학을 정치, 사회적 질서의 근간으로 삼고 있던 조선 시대도 아니고 해방과 전쟁 통에 미군의 지배를 받던 때도 아닌 지금의 한국에서 영어라는 목표를 좇는 사람의 수가 기하급수적으로 늘고, 또 성공적인 영어의 학습 없이는 통상적인 의미의 출세가 극히 힘들어졌다는 것은 앞서의 사례들과는 판이하게 다릅니다.

대입-취업-승진을 위해서는 영어가 필수?

영어가 얼마만큼 중요할까요? 대답이 너무 빤하긴 하지만 간단히 살펴보겠습니다. 한국에서 학벌의 중요성은 (슬프게도) 보통 어린아이들도 이미 다 알고 있는 평범한 '사실'입니다. 그리고 고급 학벌의 획득을 위해서는 대학수학능력시험의 점수가 중요합니다. 수능은 보통 500점 만점이고 그 중 영어는 50문제로 100점이 배정되어 있습니다. 당연히 영어가 주요 과목일 수밖에 없습니다. 1980년대 후반부터 90년대 초반까지 치러졌던 학력고사는 340점 만점에 영어가 60점이었죠. 그때도 영어는 늘 학생들의 큰 골치 덩어리였습니다. 하지만 영어의 비중은 그때에 비해 더 커졌습니다. 학력고사 체제에서 총점의 17.5%를 차지하던 것이 수능이 도입되고 나서는 20%를 차지하게 되었으니까요. 물론 2.5%라는 것이 수치상으로는 작은 것처럼 보이지만 단 1~2점에 당락이 좌우된다는 점을 생각해보면 이는 가볍게 볼 수치가 아닙니다.

취업에서도 마찬가지입니다. 주요 기업이나 기관의 입사에서 영어 시험을 안 보는 곳은 아마 없을 것입니다. 영어를 평가하는 방법으로는 표준화된 시험이 많이 사용되는데 그 중 가장 널리, 오랫동안 쓰인 것이 토익입니다. 토익은 영어가 모국어가 아닌 사람들을 대상으로 하여 소통에 중점을 두는 평가로 미국의 교육평가서비스Educational Testing Service: ETS라는 기관에 의해 개발되었고 세계 많은 나라에서 활용되고 있습니다. 2008년 한 조사에 따르면, 한국의 1,000대 기업 취업 시 토익과 같은 영어 표준 시험을 요구하는 기업의 수는 절반이 넘었고 이 중 절반 정도가 토익을 요구하고 있었습니다.[2] 물론 점수도 꽤 높더군요. 예를 들어 2008년 기준으로 삼성증권이나 한국증권선물거래소는 900점 이상을, 호텔신라나 제일기획에서는 860점 이상을, LG나 포스코 등에서는 800점 이상을 요구했습니다. 국가 주요 임무를 관장하게 될 5급 공무원 시험의 영어 시험도 토익 등 민간 영어 시험으로 이미 대체되었습니다.[3] 이뿐만이 아닙니다. 대기업에서는 경쟁적으로 영어로 말할 수 있는 능력을 측정하길 원하고 있습니다. 이런 추세에 맞추어 요새는 영어 말하기 시험인 오픽Oral Proficiency Interview-computer: OPIc이 점점 보편화되고 있는 추세입니다. 미국의 국제언어테스팅Language Testing International이라는 회사에서 공급하고 있는 이 시험은 삼성에서 쓰기 시작하면서 유명해졌는데요, 이미 대기업 신입사원 채용에 널리 쓰이고 있습니다. 삼성, LG, 포스코, 두산, SK, 한화, 롯데, STX, CJ, 신세계, 한국석유공사 등 국내 500여 개 대기업에서 필수로 쓰이고 있고 한국석유공사, 한국가스공사 등 공기업도 예외는 아닙니다.[4]

취직을 한다고 끝이 아닙니다. 앞선 2008년 조사에 다르면 500여 개 대기업 중 절반 이상이 토익을 인사고과에 활용하고 있는 것으로 나타났습니다. 토익은 승진에서 가장 많이 이용되지만 그 외 직원 배치나, 해외 파견자 선발 등에도 적극 활용되고 있습니다.[5] 오픽도 마찬가지입니다. 한 인사 담당자에 따르면, "CJ에서는 2007년부터 승진 체계에 오픽만을 적용하여 반영하고 있습니다. 과장, 부장의 경우 오픽 성적이 없으면 승진이 불가능합니다. 또한 모든 직원들이 2년에 한 번씩 오픽 성적 제출을 통하여 끊임

없이 자기계발에 노력해야"[6] 한다고 합니다. 한술 더 떠서 한화그룹은 오는 2013년부터 임원 승진시험 시 영어 말하기 시험 성적을 반영하기로 했습니다. 뛰어난 영어구사 능력이 없다면 사회에서 대입-취업-승진으로 이어지는 전통적인 성공은 무척이나 힘들어 보입니다.

영어 망국병은 병이 아니라 사기

사정이 이러하니 너도나도 영어공부에 목매는 것이 어찌 보면 이상할 것도 없습니다. 하지만 또한 이상한 것이 과열된 영어공부 현상을 보면서 망국병이라고 불러도 별로 반대하는 사람이 없다는 것입니다. 다들 문제는 인정하지만 어쩔 수 없다는 식입니다. 무엇인가 심각한 문제가 있고 다들 그걸 아는데 아무도 고치지는 못한다, 좀 말이 안 된다고 느꼈습니다. 아니면 우리가 생각하지 못한 그 무엇인가가 문제를 풀기 힘들게 하고 있는지도 모른다는 생각이 들었습니다.

이 책은 누구나 뻔히 알고 있는 문제를 풀지 못하는 이상한 상황에 대한 의문에서 비롯되었습니다. 이 의문을 푸는 데는 특별한, 돈이 많이 드는 조사가 필요하지 않았습니다. 말 그대로 모두

다 아는 사실을 이리저리 다르게 퍼즐을 맞추고 다른 각도에서 보는 것이 이 책의 주된 조사 방법이었습니다.

이 책의 결론은 우리의 영어 망국병은 병이 아니라 사기라는 것입니다. 말 그대로 사람이 다른 사람을 꼬드겨서 자신의 이익을 얻는 그 사기 말입니다. 이러한 사기가 이처럼 크게 성공하고 있는 까닭은 다들 이것이 사기인 줄 모르고 있다는 것이죠. 그리고 바로 이 점이 문제의 해결을 어렵게 하고 있는 것입니다. 교육의 문제가 아닌데 교육의 문제로 접근하니 영어 망국병이 해결될 기미가 보이지 않는 것입니다. 영어 망국병은 결국 우리 사회의 정치, 경제의 문제이자, 영어로 갈라진 계급 간의 갈등인 것입니다. 앞으로 설명하겠지만, 우리의 영어 문제는 영어를 비롯해 많은 것을 누리는 계급과 그러지 못하는 계급 간의 긴장, 그리고 후자가 전자를 따라가고자 하는 필사적인 노력에서 나오는 것입니다. 즉 믿고 싶지는 않지만 우리는 이미 영어 계급사회에서 살고 있는 것이죠.

물론 이 결론은 저의 결론일 뿐입니다. 이에 공감하건, 불편해하건, 화를 내건, 반대를 하건 그것은 여러분의 몫입니다. 다만 자그마한 저의 바람은 우리 사회의 그 수많은 영어 교육에 대한 논의가 이 책으로 인해 조금 그 시점을 달리하게 되고, 조금 더 문제의 핵심에 다가가게 될 수 있는 계기가 되는 것입니다.

이 책이 나오기까지 가족들의 사랑이 큰 도움이 됐습니다. 딸의 굳건한 신뢰와 두 아들의 유쾌한 재잘거림이 없었다면 이 책은 세상에 나오지 않았을 것입니다. 특히 이 책의 첫 독자인 아내의 지원이 무엇보다 큰 힘이 되었습니다. 가족 모두에게 깊은 감사의 뜻을 전합니다.

2012년 1월 집 뒤뜰에서

2부 영어 광기의 수혜자들

3부 영어 계급사회

한국인의 영어공부

영어공부는 생각하는 법을 배우는 것

01

영어는 어렵다

아랍어, 중국어, 인도의 힌디어, 한국어, 이란어, 러시아어, 터키어. 이 언어들의 공통점은 무엇일까요? 바로 미국 국무부에서 학생들을 상대로 학습을 장려하는 언어들입니다.[1] 우수한 고등학생이 학기 중이나 방학 때 이 언어를 배울 수 있게 하는 것이죠. 선발된 학생들은 대학에서 수업을 듣기도 하고, 한 학기나 1년 동안 현지에 가서 연수를 받기도 합니다. 물론 학비는 무료입니다. 이 언어들은 미국 사람들이 배우기 힘든 언어이기 때문에 특별히 어린 학생들을 교육해서 나라의 인재로 쓰자는 취지이죠. 이뿐만이 아닙니다. 전 세계 각국의 정보를 수집하는 미국으로서는 각 나라의 언어를 능통하게 할 수 있는 정보요원이 절실합니다. 그래서 미국의 여러 정보기관들은 외국어 교육을 중시합니다. 그리고 한국어는 그러한 외국어 교육 프로그램에서 빠지지 않는 언어죠. 한국이 전략적 요충지이기 때문이기도 하지만, 한국어는 그만큼 미국인들로서는 배우기 힘든 언어이기도 하기 때문입니다.

생각해보세요. 우리야 매일 길거리에서, 텔레비전 화면 속에서 영어 알파벳을 보니까 그런가보다 하지만 미국 사람들의 경우는 우리의 가나다라 쓰기부터 배워야 하는데 이게 보통 일이 아닙니다. 어순도 다릅니다. 게다가 우리가 쉽게 쓰는 팔랑팔랑, 누리끼리, 소곤소곤 같은 의성어, 의태어는 영어에서는 개념조차 희미한 것들입니다. 그러니 설명을 해주어도 미국 사람들은 이해하기 힘든 것이죠. 그냥 감으로 느껴야 하니까요.

무엇보다도 힘든 것은 아마 존댓말이 아닐까 합니다. 미국에서도 상대방에게 존대를 할 수 있습니다. 하지만 그것은 단어의 선택이나 간단한 부사의 첨가로 끝나죠. 예를 들어 할아버지나 교수에게 "Hey(굳이 번역하자면 "야" 정도랄까요)"라고 부르지는 않습니다. 그런 사람도 있기는 있죠. 그러면 상대방은 내색은 안 해도 속으로 불쾌해합니다. 그리고 부탁하는 말에 "please(제발)"나 어른

한테 대답할 때 남자면 "sir", 여자면 "ma'am" 정도를 붙이곤 합니다. 하지만 이마저도 잘 쓰지 않고 쓰더라도 꼭 나이로 구분을 짓는 것은 아닙니다. 어른이 나이 어린 손님에게 할 수도 있고 선생이 학생에게 할 수도 있습니다.

이와는 반대로, 잘 아시다시피 우리말은 존댓말의 체계가 복잡하고 공식적입니다. "밥 먹어." "밥 먹어요." "밥 먹으시죠." "식사하세요." "진지 드세요." "진지 드십시오." 이런 식으로 계속 격이 올라가는 것을 이해하는 게 쉽지도 않을뿐더러 이해한다고 해도 경우에 따라 적절하게 쓰는 것은 보통 어려운 일이 아닙니다. 다시 말해 우리말을 배우는 것이 보통 힘든 일이 아니라는 것이죠.

이를 거꾸로 생각해보면 미국 사람들에게 우리말이 힘든 것만큼 우리에게 영어는 너무나 힘든 말입니다. 쓰기부터 다르고, 어순도 다르죠. 우리말에는 있지도 않는 것이 수두룩합니다. 우리말은 주어가 나오고 이렇게 저렇게 설명을 한참 한 후에 동사, 즉 행위가 나오죠.

"난 어제 누나랑 김밥을 맛있게 먹었어."

그러나 영어는 완전 딴판입니다. 주어 다음에 동사부터 딱 나옵니다. 그리고 부차적인 설명, 즉 언제, 무엇을, 어떻게가 뒤에 따라오죠.

"I had a great gimbab dinner yesterday with my sister."

"난 먹었어, 맛있게, 김밥을, 어제, 누나랑."

이런 식으로 말입니다. 이렇게 구조가 다르니 우리로서는 영어 단어가 떠오를지라도 영어식 말의 순서를 또 생각해야 하기 때문에 쉽지 않습니다. 물론 이는 시작에 불과합니다. 영어에는 우리말에 없는 것이 한둘이 아닙니다. 말의 악센트도 정확하게 주어야죠. 가정법이라는 것도 있습니다. 이런 것 중 가장 고약한 것은 관사인 듯합니다. 관사는 명사 앞에 달아야 하는 말인데 '그것'을 뜻하는 the를 넣어야 할 때도 있고, 'the' 대신 그 명사가 하나임을 알려주는 'a'를 달아야 할 때도 있고, 어떤 경우에는 둘 다 달면 안 될 때도 있습니다. "The dog"는 "바로 그 개", "a dog"는 "개 한 마리", 뭐 이런 식인 것이죠. 답답한 것은 대충 들어도 상대방이 그 개를 말하는 건지, 개 한 마리를 말하는 건지 분간이 되는데 왜 이런 걸 쓰는지 모르겠고 헷갈립니다. 옛날 한국에서 대학입시를 위해《성문종합영어》로 공부할 때도 어려웠고, 미국 생활 몇 십 년을 해도 파악하기가 쉽지 않습니다. 어떤 경우에는 미국 친구들이나 선생들도 딱히 언제 어떤 관사를 써야 하는지 정확하게 알려주지 못하기도 합니다. 그러면서 한다는 말이, "알긴 알겠는데, 설명을 못해주겠다." 그러면 저는 그러죠. "나보고 어쩌라고……"

영어의 문법적인 어려움은 시험을 볼 때도 힘들지만 영어를 쓰려고 할 때는 정말 죽을 맛이죠. 머릿속에서는 뻔히 아는 문법인데 말을 하거나 글을 쓰려고 하면 정작 입이나 손에서 나오지 않습니다.

제가 처음 미국에 와서 영어 수업을 들을 때 겪은 이야기입니다. 쓰기 시간이 있어서 작문을 많이 했습니다. 이런저런 간단한 글을 쓰고 선생님이 봐주는 식이었죠. 물론 제 글을 돌려받으면 선생님이 빨간색 펜으로 고친 부분이 한두 군데가 아니었습니다. 틀린 곳이 많은 것은 뭐 그러려니 하겠는데, 가만히 보면 문법이 틀렸다고 지적된 것들은 다 제가 이미 아는 것들이어서 참 답답했습니다. 다 아는 것을, 이렇게 쉬운 것을 왜 틀렸을까? 얼마나 답답했던지요.

이런 비슷한 경험은 저뿐만이 아니겠죠. 실컷 영어공부를 하고 나서 괜히 미국말을 쓰는 사람 앞에서 작아지는 것 같은 이상한 느낌, 누구나 경험하지 않습니까? 이렇게 그나마 아는 것도 쉽게 입 밖으로 나오지 않는 데는 다 그럴 만한 이유가 있습니다. 사람마다 성격도 다르고, 상황도 다르고, 영어 실력의 차이도 있고, 여러 이유가 있겠지요.

그렇지만 가장 큰 이유는 언어의 특성에 있다고 생각합니다. 언어라는 것이 다만 읽고 쓰는 도구가 아니라 우리 사고의 바탕이 아닙니까? 예를 들어 개 한 마리를 보아도 "개"라고 생각하고 영어로 말할 때는 그것을 "dog"로 바꿔서 말을 하지 않습니까? 여기에는 여러 익숙하지 않은 사고가 필요합니다. 그 개가 한 마리가 있는지(a dog), 여러 마리가 있는지(dogs), 아까 말했던 옆에 있는 개(the dog)를 말하는 것인지, 늑대와 구별되는 개라는 동물 전체(a dog)를 말하는 것인지, 말하는 전체의 흐름을 정확히 이해하는 것이 필요합니다. 그런데 이런 상황 판단에 익숙하지 않은 한국 사람들에게는 이 모든 것이 너무나 힘든 일이죠. 마치 미국 사람이 존댓말을 적절히 쓰기 힘든 것처럼 말이죠. 그러므로 영어로 개가 dog인 것은 알아도 그게 쉽게 툭 튀어나오지 않는 것입니다.

"참치 샌드위치, 플리즈"

말보다는 생각이 더 중요하기에 미국식 사고체계를 습득하지 않고 말하는 것만 연습해서는 영어를 완전히 정복할 수 없습니다. 이런 탓에 힘들어도 어쩔 수 없이 영어를 써야 하는, 미국에서 사는 보통 한국 사람이라면 대부분 영어에 관한 웃지 못할 사연이 한두 개쯤 있기 마련입니다.

제가 아는 어떤 분이 친구들이랑 식당에 갔습니다. 식당에 가면 주문을 해야 하는데 이게 또 보통 일이 아닙니다. 모르는 음식들이 메뉴판에 쭉 적혀 있는데 읽어도 어떤 음식을 말하는 것인지 상상조차 안 갈 때가 많습니다. 게다가 고기는 어떻게 구워줄까, 옆에 샐러드는 어떤 것을 줄까, 그 위에 드레싱은 어떤 것을 뿌려줄까 같은 것을 물어보면 당황스럽죠. 이런저런 이유로 식당에 가면 긴장을 하는 분들이 많이 계십니다. 제가 알던 한 분은 특히나 영어에 자신이 없어 더욱 긴장하고 있었습니다. 다행히 알고 있던 참치 샌드위치가 메뉴에 있었답니다. 영어로도 말하기 쉽고, "어떻게 요리해드릴까요?", 뭐 이런 질문도 없는 음식이니까요. 같이 간 친구들이 하나둘 주문하는 동안 몇 번이고 머릿속으로 연습했답니다. 드디어 본인 차례, 조심조심 최선을 다해 참치 샌드위치를 주문합니다.

"Cham-chi sandwich, please(참치 샌드위치, 플리즈)."

웨이터는 늘 그렇듯 못 알아듣겠다는 표정을 하더랍니다. 아차, 싶은 이분은 좀 더 혀를 굴리기로 결심합니다. R소리를 강조합니다.

"Cha-rrrm-chi sandwich, please(차알암치 샌드위치, 플리즈)."

주변에서 킥킥대기 시작합니다. 아무리 혀를 굴려도 웨이터가 알아들을 턱이 없죠. 참치는 영어로 '튜나tuna'니까요. 본인도 기가 찼다며 웃으며 이야기했습니다.

기왕 이야기가 나왔으니 하나 더 말씀드리죠. 제가 아는 젊은 학생 한 명은 키도 크고 운동을 해서 몸도 좋았습니다. 그러다보니 살이 찌면 금방 눈에 띄었습니다. 하루는 이 후배가 살을 빼기로 마음먹고 채식 위주의 식단으로 바꿀 결심을 했습니다. 장을 보러 가서 이것저것 채소와 과일을 잔뜩 챙긴 뒤 계산을 하는데 종업원이 뭐라 그러더랍니다.

"Are you a vegetarian?(채식주의자이신가 보죠?)"

계산대에서는 보통 간단한 인사 정도나 하는 법이어서 평소에는 듣지 못하던 말을 들은 이 학생은 적지 않게 당황했습니다. 뭐냐고 물어보는데 잘 알아들을 수도 없고, 후배는 되는대로 대답을 했습니다.

"No. I'm Korean(아뇨, 전 한국 사람입니다)."

보통 미국 사람들이 너 무엇 무엇이 아니냐고 물어보면 대부분 중국 사람이냐, 일본 사람이냐, 하는 것이어서 그렇게 대답했다고 합니다. 이런 질문에 익숙해진 탓이었죠. 머리로 생각하는 것과 그 생각이 말이나 글로 나가는 것과 얼마나 차이가 큰지 보여주는 슬픈 예입니다. 물론 이 이야기들을 들으면서 저도 배가 아프도록 웃었던 기억이 납니다.

저 또한 비슷한 실수를 되풀이하며 유학 생활을 시작했습니다. 한번은 워싱턴D.C.에 있는 한 햄버거 가게에서 얼굴이 벌게진 일이 있었습니다. 가게에 들어서는데 자신 없는 영어에 살짝 주눅이 들어 있던 저에게 카운터의 아저씨가 대뜸 뭐라고 묻는 것이었습니다. 물론 뭐라고 하는지 알 수 없었죠. 난처한 표정에 더듬더듬거리자 또 그 질문을 되풀이하는 것이었습니다. 아, 물론 또 대답을 못했죠. 난처하더군요. 햄버거 하나 먹자고 들어와서 이게 무슨 창피냐…… 결국 어떻게 그 질문은 넘어가고 대충 햄버거 하나를 얻어먹을 수 있었습니다. (물론 돈은 냈습니다.) 문제는 그 집 햄버거가 맛있어서 자꾸 가게 되었지만 그래도 그 질문이 무슨 소리인지 알 수 없었습니다. 그래도 몇 번을 계속해서 그 가게를 찾다보니 어느 순간 겨우 뭐라는지 알겠더군요. 그가 물어보는 것은 "Here or to go?(여기서 드실 건가요, 아니면 가져가실 건가요?)"였습니다. 맥도날드 같은 패스트푸드점이나 조그만 중국 음식점에서는 주문한 음식을 거기서 먹지 않고 포장해서 가져가는 경우가 많죠. 지금은 한국에서도 그런 곳이 많이 생겨서 익숙해졌지만 1990년대 중반만 해도 국내에선 일단 식당에 들어가면 보통은 앉아서 먹고 나오는 것이 당연한 것이었습니다. 그러니 제가 식당에서 음식을 싸가지고 갈 것이냐고 물어볼 줄을 상상이나 했겠습니까? 그 질문에 "Yes, please(네)"라고 대답하지 않은 것이 다행이다 싶기도 합니다.

생활에서의 작은 실수는 창피하고 불편하지만 그런대로 넘어갈 수 있었습니다. 하지만 공부하러 온 학생이 수업 중에 영어를 따라가지 못하는 것은 심각한 일이죠. 사람들마다 이런저런 방법으로 영어공부를 하는데 저는 과외를 받았습니다. 외국인에게 영어를 가르치는 것을 전공으로 하는 대학원생이었습니다. 제가 학교에 내야 할 각종 과제를 봐주는 것이 주된 일이었습니다. 근데 그 과제라는 것이 전에 영어 수업에서 했던 것과 같은 간단한 작문이 아니고 정치학 페이퍼이다보니 그 내용이 길기도 하고 복잡했습니다. 그러니 실수가 한두 군데가 아니었습니다. 페이퍼를 한 장 한 장 넘길 때마다 빨간색으로 고친 곳이 가득했습니다. 그걸 일일이 몇 시간씩 봐주던 그 친구가 얼마나 고맙던지요. 너무 간단한 문법을 틀릴 때는 얼굴이 화끈거렸지만 제일 당황했던 것은 이게 무슨 말이냐고 저에게 자꾸 물어볼 때였습니다. 문법이 아니라 생각을 명확하게 표현하지 못하는 것이 가장 답답했습니다. 그럴 때면 둘이서 한참 동안 토론을 했죠.

"그러니까 여기서 네가 말하고자 하는 게……"

"아, 그게 아니고."

그 친구 덕에 간신히 좀 영어다운 영어로 페이퍼를 쓸 수 있게 되었습니다.

영어공부는 사고방식을 바꾸는 일

그렇게 해가 지나고 실수가 좀 줄어들 무렵 머리를 한 대 얻어 맞는 것 같은 경험을 하게 되었습니다. 숙제를 하고 있는데 전에 들었던 영어 선생님의 말씀이 새삼 떠오른 것이었습니다. 동양 학생들은 글을 쓰거나 말을 할 때 너무 빙빙 돌린다, 말하고 싶은 것을 일단 확실하게 말해야 한다는 말씀이었습니다. 그 당시에는 그냥 그런가보다 했는데 이게 대단히 본질적인 문제라는 것을 문득 깨닫게 되었습니다('문득'이라고는 했지만 수많은 괴로움과 고민을 거친 뒤였습니다). 앞에서 말씀드린 영어의 문장 구조가 생각나십니까? 우리말과 영어는 구조적으로 다릅니다. 우리는 말 자체가 빙빙 돌아갑니다.

"난 어제 누나랑 김밥을 맛있게 먹었어."

이 문장은 이런 식입니다. 내가, 음~ 어제 누구였더라. 아! 누나랑 말이지, 왜 그거 있잖아, 김밥! 그걸 아주 맛있게 먹었어. 듣고 있으면 처음에는 무슨 말인지 알 수가 없죠. 무엇을 했는지 끝까지 들어봐야 합니다. 마지막에 가서 김밥을 말았다, 이렇게 끝날 수도 있으니까요.

영어는 그런 법이 없습니다. 내가 먹었어. 딱 부러지게 결론부터 제시합니다. 그러고 나서야 부차적인 설명을 하죠.

"I had a great gimbab dinner yesterday with my sister."

문장뿐 아니라 글도 마찬가지입니다. 영어로 쓰인 좋은 글은 그 논지가 명확합니다. 개개의 문장이 그런 것처럼 각각의 문단도 첫 문장에서 요점이 확연하게 드러납니다. 그 문단에서 말하고자 하는 내용이 무엇인지 간단하고 명확하게 요약이 되어 있다고 할 수 있습니다. 그리고 뒤의 문장들은 사실 그 첫 문장의 내용을 자세히 설명하거나 증거를 제시하는 구조로 되어 있는 경우가 많죠. 그래서 심지어는 시간이 없으면 각 문단의 첫 문장만 쭉 읽어가도 대충 글의 내용을 알 수 있을 정도지요. 한국 사람들에게는 이렇게 사고하는 것 자체가 쉽지 않습니다. 늘 말을 돌려서 천천히 하는 것이 머리에 박혀 있는데 (여기에는 한국의 예절도 한몫을 합니다) 결론부터 확 말해버리는 게 왠지 어색한 겁니다.

이런 것은 사실 언어, 또는 영어만의 문제가 아닌 것이죠. 우리는 상대방이 그냥 "어제 개를 봤어"라고 말하면 내 개를 공원에서 봤다는 소리인지, 지나가던 개를 봤다는 소리인지, 모여 있던 개떼를 봤다는 소리인지 대충 짐작을 합니다. 그리고 잘 짐작이 가지 않아도 특별히 이상하지 않으면 대충 넘어갑니다. 말하는 사람도 상대가 대충 짐작했다고 생각하죠. 크게 문제가 될 대화가 아닌 이상에야 따지지 않습니다.

하지만 미국 사람들은 그렇지 않습니다. 개라는 것을 처음 봤다는 소리인지, 봤으면 한 마리인지 여러 마리인지를 분명하게 말해야 합니다. 그게 단지 문화의 차이라기보다는 그렇게 사고가 형성되어 있습니다. 그러라고 명사 앞에 관사라는 것이 따라다니는 것이죠. 그렇게 관사를 쓰면서 자라나니 사고가 그쪽으로 발달이 될 수밖에 없는 것입니다. 그러니 미국 사람들이 저한테 관사의 용법을 설명해주기 곤란했던 것이죠. 알긴 아는데 말로 설명해주자니 힘들 수밖에 없는 것입니다.

마찬가지로 미국 사람들에게 한국 사람들이 쓴 글이나 말은 문법적으로 맞고 틀리고를 떠나서 애매하기 쉽습니다. 딱 요점을 이야기해야 할 자리에 요점은 없고 계속 빙빙 돌며 딴소리만 하니 읽거나 들어도 그 뜻을 파악하기가 힘듭니다. 지금 이 사람이 어제 김밥을 먹었다는 건지, 길에서 주웠다는 건지, 누나랑 먹었다는 소리인지, 누나를 김밥으로 때렸다는 소리인지 답답한 것이죠. 김밥을 먹었으면 한 줄인지 두 줄인지, 며칠 전에 말아둔 김밥인지 그냥 길가다 산 김밥인지도 애매하고요.

이게 말은 그렇다 치더라도 글이 되고 논문이 되면 환장합니다. 분명히 잘 쓴 것 같은 숙제도 빨간 글이 좍좍 가 있고, 무슨 말인지 모르겠다는 교수님의 코멘트가 눈에 띄면 혈압이 올라갑니다. 더욱 답답한 것은 정작 자기가 쓴 글을 읽어보면 교수님의 지적이 맞다는 것이죠. 분명 쓸 때는 논리적이고 멀쩡하던 페이퍼가 가만히 다시 읽어보면 내가 썼나 싶게 애매하고 주장이 명확하지 않는 게 대부분이었습니다. (물론 사소한, 그리고 수많은 문법적 실수는 제외하고 말이죠).

영어가 영어만의 문제가 아니라는 깨달음을 얻는 것 자체도 어렵고 시간이 한참 걸리는 일입니다. 문제는 그 다음입니다. 사고의 전환이 필요하다는 것을 알았으니 사고의 전환을 어느 정도라도 흉내 내야 하니까요. 여기에는 다른 방법이 없더군요. 계속 영어를 쓰는 것 말고는요. 물론 영어로 논문을 읽고, 수업을 듣고, 토론하고 글을 쓰는 것을 제외하고서도 영어로 세상을 보고 생각하는 것이 필요했습니다. 뭘 알아야 간단한 잡담이라도 동료들과 하죠.

그렇다고 한가하게 잡지를 보거나 텔레비전을 볼 시간도 없었던 저는 주로 라디오를 이용했습니다. 미국에는 National Public Radio(NPR)라는 공영 라디오가 있습니다. 뉴스와 토론이 방송의 대부분을 차지합니다. 저는 학교를 오갈 때 항상 이 라디오를 들었습니다. 처음에는 무슨 말인지 알 수 없었습니다. 텔레비전 뉴스를 보면 무슨 말을 하는지 대충 짐작이라도 가죠. 화면이 있으니까요. 하지만 라디오는 안 들리면 그냥 못 듣는 수밖에 없습니다. 한 가지 NPR의 장점은 매 시간 정각에 짧은 뉴스를 해준다는 것입니다. 8시에 들은 뉴스가 9시에도 비슷하게 나오는 경우가 많죠. 그렇게 계속 듣다보니 간혹 들리는 말도 있더군요. 그리고 시간이 지나다보니 그들이 사고하는 방식이나 주장을 펴는 방식 자체에 점점 익숙해지는 것을 느낄 수 있었습니다. 그리고 그럴수록 방송이 점점 더 잘 들리게 되는 것에 제 스스로 놀라지 않을 수 없었습니다. 그러기를 한 3년 하고 나니 편안히 들리기 시작하더군요. 참 쉽지 않은 배움이었습니다.

영어를 배우는 것은 이래서 힘이 듭니다. 글을 쓰는 것부터 시작해서 낯선 문법을 다 익혀야 합니다. 게다가 이런 경우에는 이렇게, 저런 경우에는 저렇게 써야 한다, 이런 것을 달달 외워서 끝나는 것이 아니라 그들의 사고체계를 이해하고 그것을 받아들이는 것이 중요합니다. 말이 아니라 생각하는 법을 배우는 것입니다. 그리고 이 모든 것을 배우는 데는 아주 오랜 시간이 필요하기 때문에 그 어려움은 배가되는 것이죠. 이미 하나의 언어로 생각하는 이상 이것은 너무나도 힘든 것이 당연합니다. 추운 겨울, 문을 열고 집을 나서면서 "Oh, it's freezing" 이렇게 생각하시나요? 만약 그렇지 않다면 당신은 제가 드리는 말씀이 무슨 뜻인지 짐작이 갈 것입니다. 이렇게 당연한 것을 너무 장황하게 말씀드리게 됐네요. 하지만 제가 이렇게까지 말이 길어진 것은 이유가 있습니다. 영어를 배우는 것이 힘든 일이라는 평범한 사실이 어쩐지 한국에서는 해가 뜨자 엷어진 안개처럼 희미해진 탓입니다.

누구나 영어를 잘할 수 있다는 새빨간 거짓말

02

생활 속 불편 없는 수준의 회화를 하려면?

영어는 배우기 힘듭니다. 외국 말을 공부하는 것이 다 그렇듯이 영어공부가 힘든 것은 다만 말이 달라서일 뿐 아니라 그 언어만 배운다고 되는 것이 아니기 때문입니다. 본질적으로는 영어를 배움으로써 앞 장에서 말씀드린 것처럼 한국과는 완전히 다른 영미계의 사고체계를 받아들여야 하고, 넓게는 그들의 문화도 받아들여야 합니다. 어른 앞에서는 겸손하게 자기의 목소리를 낮추는 문화에서 적극적이고 명확하게 주장을 펴는 문화로의 이전이 필요한 것이 그 예라 할 수 있겠습니다. 그런 것은 다만 영어 단어 몇 개를 더 알고 문법을 좀 더 많이 안다고 해서 될 일이 아닙니다. 문제 풀기를 반복하고 억지로 단어를 머릿속에 담아서 토플이나 토익 시험을 잘 볼 수는 있겠지요. 그러나 그것만 가지고는 영어를 잘할 수 없습니다. 높은 토익 점수를 받은 사람이 회화나 작문에서는 벌벌 기는 것은 흔한 일이 아닙니까? 혹, 어느 정도 실력이 늘었다 해도 이런 영어 실력은 오래가기 힘듭니다. 앞 장에서 말씀드린 "참치 샌드위치, 플리즈"라고 한 분도 높은 토플 점수를 받았습니다. 허나 이분이 무슨 큰 잘못을 한 것은 아니죠. 영어를 배운다는 것이 힘든지라 오래 공부를 하고도 영어를 어려워하는 것은 당연한 일입니다. 하지만 우리 주위를 둘러보면 참 이상합니다. 이렇게 어려운 영어인데 영어가 쉽게 된다는 사람들이 한둘이 아닙니다. 심지어 어떤 사람들은 다들 어느 정도 영어는 하리라고 공공연히 기대하기도 합니다. 그리고 웃으면서 이렇게 말하는 듯 합니다.

"이 정도는 다 알아듣지? 못해? 당신도 할 수 있어. 노력만 좀 해봐, 다 돼. 된다니까."

주변에서 이런 사람들을 못 보셨나요? 그럼 저와 함께 다시 돌아보시죠.

"실생활에서 필요한 회화를 자연스레 습득하면서 예기치 못한 상황 및 질문에 답변하는 순발력도 향상."[2]

위 구절은 어느 학원에서 개설한 영어회화 초급반의 목표입니다. 느닷없이 물어보는 질문에 대답한다는 것이 쉽지 않을 텐데 이 학원, 보통이 아니네요. 게다가 이 학원에서는 중급반 정도만 되면 "생활 속 불편 없는 수준의 회화 구사 표현"이 된답니다. 생활 속 불편이 없는 수준이라면 보통 수준의 영어가 아닐 텐데 어찌된 일인지 이 학원의 광고 문구만 보면 이는 마치 별일 아닌 듯 들립니다.

하지만 생각해보면 일상생활에서 쓰는 언어라는 게 참으로 힘든 말입니다. 예를 들어 미국 뉴욕에서 차를 고치려고 정비소에 갔다고 상상해보세요. "아저씨. 저번 주까지는 멀쩡하던 차가 갑자기 핸들이 덜덜거려요. 그것도 꼭 시속 80킬로미터가 넘어가면 그러네요. 그러다가 100킬로미터 넘어가면 또 괜찮아지는데 좀 봐주세요"라고 차의 상태를 미국 정비사에게 설명해야 한다면? 아니면 미국 친구에게 "이게 미역국이라는 건데 한국에선 자주 먹어. 몸에도 좋고. 특히 산후조리에 좋아. 몸에 붓기가 빠지는 특효가 있어. 한번 먹어볼래?"라는 말을 영어로 한다고 상상해보세요.

어떻습니까? 이런 것들이 금방 입에서 나올 쉬운 영어일 것 같은가요? 언뜻 간단해 보이지만 결코 쉽지 않은 영어입니다. 쉬울 수도 있지만 학원에서 몇 달 공부를 한다고 해서 나올 영어는 절대 아니죠. 하지만 못하면 생활이 참 불편합니다. 그런데 어찌된 일인지 학원들은 이게 다 된다니 신기하기만 합니다. 게다가 이 모든 것이 불과 몇 개월이면 된다는 문구에 다다르면 좀 심하다 싶습니다.

"마음이 급한 분, 하루 빨리 원어민이랑 만나서 대화하고 싶고, 하루 빨리 모든 걸 끝내버리고 싶은 분들〔을〕 위한 과정이라고 할 수 있죠. (……) 왕초보문법반과 화화반을 3개월 단기 속성으로 끝낼 수 있는 프로그램입니다."[3]

3개월이라, 3개월 하고 영어로 대화를 할 수 있다, 듣기만 해도 가슴 벅찬 소리입니다. 도대체 어떤 것을 "영어로 대화"하는 것이라고 부르는지 궁금하지 않을 수 없습니다. 위 학원 웹사이트에 나와 있는 연습 문구입니다.

A: Which is smarter, an elephant or a frog?

코끼리랑 개구리랑 누가 더 똑똑하니?

B : An elephant is smarter than a frog.

코끼리가 개구리보다 더 똑똑해.[4]

물론 중요하고 기본이 되는 문구이지만 영어로 대화한다고 말하기에는 좀 초라해 보입니다. 하지만 영어 학원에서는 불가능이란 없습니다. 일상생활에서 하는 회화뿐 아니라 텔레비전을 보는 것도 쉽게 되는 듯합니다.

"기본적인 발음기호부터 시작하여 현지인들의 생활회화 표현을 익히고 나아가 일상생활에서 활용할 수 있는 기초 청취, 영화, 시트콤, 시엔엔 뉴스를 보면서…… 청취력을 향상시킬 수 있는 수업…… 즐겁게 즐기면서 실력이 쑥쑥 오르는 경험을 해보세요!"[5]

귀가 솔깃합니다. 하지만 이게 그리 쉬울까요? 주변에서나 제 경험에 비춰보더라도 CNN 뉴스가 그나마 가장 만만해 보이네요. 뉴스는 대개 사람들이 주목하는 주제를 다루는지라 그 내용을 짐작하기 수월하니까요. 그리고 앵커들은 또박또박 명확한 발음으로 말을 하죠. 또 화면이 있으니 도움도 되죠. 예를 들어 오사마 빈라덴이 죽던 날, 미국 안팎의 신문과 뉴스 웹사이트들은 그에 대한 이야기와 그의 행적으로 도배를 했습니다. 그러니 이런 매체를 (한글이건 영어건) 먼저 읽고 나서 CNN을 틀어보면 무슨 말인지 알아듣기 훨씬 수월합니다. 게다가 화면은 그의 얼굴로 도배되어 있으니 화면 속에 나오는 사람들이 무슨 말을 하는지 추측하기도 쉽습니다.

하지만 이것을 거꾸로 생각해보면 영어를 알아듣고 이해하기 위해서는 기본적인 정보와 상식이 필요하다는 이야기가 됩니다. 영어공부가 영어라는 언어만의 습득으로 될 수 없다는 소리죠. 영어 듣기 같은 것도 책이나 신문을 읽고 어떤 주제에 대한 이해가 미리 되어 있어야 한다는 것이죠.

3개월이면 영어 시트콤 보고 웃을 수 있다고?

그런 면에서 뉴스에 비해 시트콤에서 나오는 영어는 알아듣기 상당히 까다롭습니다. 일단, 배우들이다보니 뉴스 앵커들처럼 정확하게 말을 하지 않습니다. 말하는 것도 빠르고 속어를 사용하는 일도 많습니다. 사투리에 이상한 억양까지 섞이면 정말 힘들어집니다. 그리고 기본적으로 코미디이다보니 상황을 이해하기 힘든 경우가 많습니다. 원래 웃음이라는 것이 생각했던 것과 정반대의 상황이 되었을 때 놀라움과 함께 튀어나오는 것이지 않습니까. 뉴스와는 아주 다른 것이죠. 더군다나 자신들만이 이해할 수 있는 어떤 것에 빗대서 말하면 참 알아듣기 힘듭니다.

실제로 〈사인펠드Seinfeld〉라는 인기 쇼는 뉴욕에 사는 사람이 아니면 알아듣기 힘든 유머를 섞어 쓰는 것으로 유명합니다. 그래서 뉴요커가 아니면 어디서 웃어야 하는지 모르고 넘어가는 경우가 가끔 있다고 합니다. 그러니 우리 같은 사람들에게 시트콤이라는 장르에서 나오는 영어는 정말 알아듣기 힘든 것이죠. 그러나 어찌된 일인지 이 모든 것도 학원에서는 몇 개월이면 가능한가 봅니다. 참으로 의아한 일입니다.

방금 말씀드린 〈사인펠드〉는 항상 주인공의 독백으로 시작합니다. 사인펠드라는 주인공이 코미디언이어서 사람들 앞에서 코미디 쇼를 하는 것이죠. 그 중 한 독백을 보시죠.

So I move into the centre lane, now I get ahead of this women, who felt for some reason I guess, that she thought that I cut her off. So, she pulls up along side of me, gives me… the finger. It seems like such an… arbitrary, ridiculous thing to just pick a finger and you show it to the person. [shows several fingers to the audience] It's a finger, what does it mean? Someone shows me one of their fingers and

I'm supposed to feel bad. Is that the way it's supposed to work? I mean, you could just give someone the toe, really, couldn't you? I would feel worse if I got the toe, than if I got the finger. 'Cause it's not easy to give someone the toe, you've gotta get the shoe off, the sock of and drive, get it up and uh [pretends to drive with one foot in the air and speaks to person driving next to him] look at that toe, buddy. [puts his foot down] I mean, that's really insulting to get the toe, isn't it?[6]

자세히 읽어보면 이 독백은 굉장히 웃깁니다. 이 독백은 미국에서 흔히 볼 수 있는, 가운데 손가락을 들고 하는 욕에 대한 내용입니다. 그는 손가락이 뭐 대수냐? 진짜 욕이라면 힘든 것, 예를 들어 발가락을 보여줘야 되는 것 아니냐? 이런 말입니다. 그런데 문제는 이렇게 자세히 읽어볼 수 있는 글이 아니라는 거죠. 딱 보고 확 웃어버리는 코미디 프로그램의 한 장면입니다. 문장 하나하나를 반복해서 듣고 연구하는 것이 아니라 한 번 쓱 듣고 이해해야 하는데, 과연 몇 개월 한 공부로 가능할까요? 이해뿐 아니라 그 숨은 뜻을 알고 웃는 데까지는 또 얼마가 걸릴까요? 되긴 되겠지요. 하지만 학원 광고 문구에서 말하듯 몇 달 만에 쉽게 될 일이 아님은 분명합니다.

영어가 된다는, 희망에 가득한 메시지는 학원뿐만 아니라 사회 곳곳에서 흘러나옵니다. 음악과 뉴스가 주를 이루는 출근길 아침 FM라디오 프로그램에서도 영어 코너가 등장하는 경우가 적지 않더군요. 영어를 잘하는 선생님이 나와서 한두 마디 유용한 영어 문장을 툭 던집니다. 그러면 디제이가 몇 번 되풀이하고 그 선생님은 잘했다는 칭찬과 함께 휙 사라지죠. 이 정도 영어는 요만큼만 말해줘도 다 알아듣고 외울 수 있는 아주 간단한 것이라는 것을 환기하는 코멘트도 빠지지 않습니다. 청취자들은 소중한 자산을 얻은 듯 몇 번이고 따라합니다.

본격적인 영어 프로그램도 있습니다. KBS FM라디오의 장수 프로그램 중 하나인 〈굿모닝 팝스〉가 그것입니다. 1988년부터 방송을 시작했다니까 벌써 20년이 넘었네요. 다양한 소재와 표현을 소개하고, 중간중간 마치 테이프를 여러 번 돌려서 듣는 것처럼 반복해주어서 청취자들에게 인기가 많은 프로입니다. 하지만 방송을 들어보면, 무엇보다도 진행자들의 긍정적이고 희망적인 끊임없는 격려가 이 프로그램이 오랫동안 인기를 끈 비결이 아닐까 하는 생각이 들더군요. 특히 한국인 진행자는 영어를 잘하는데도 눈높이를 청취자에게 맞추는 법을 알고 있습니다. 영화의 한 장면을 들려주고서 자기도 제대로 못 알아들었다는 식으로 말이죠. 그리고 항상 격려를 아끼지 않습니다.

"두려워하지 말고 할 수 있는 정도의 목표를 세우고 꾸준히 실행해보세요. 작은 성취감을 느끼면 그때부턴 영어가 재미있어질 겁니다."[7]

물론 많은 사람들은 미국인 진행자와 나란히 앉아 있는 이 한국인 진행자를 자신의 목표로 삼겠지요. 그도 그럴 것이 그는 영어권으로 유학을 다녀오지 않은 국내파라고 알려져 있습니다. 그렇지만 많은 청취자들이 그처럼 유창한 영어를 구사하기란 힘든 일입니다. 대부분의 청취자들과는 달리 그 한국인 진행자는 영문과를 졸업하고, 영어 강사를 업으로 삼아왔고, 심지어는 자신의 이름으로 된 영어연구소를 운영하고 있는 그야말로 프로니까요.[8] 그는 아침에 이 프로그램을 들으며 출근하고 다른 일을 하며 틈틈이 짬을 내어 영어공부를 해야 하는 보통 사람들과는 비교할 수 없을 정도로 다른 수준에 있는 사람입니다. 애초부터 성취할 수 있는 영어의 수준이 다를 수밖에 없죠.

아니, 이런 쉬운 영어도 모른단 말이야?

영어 학원이나 영어공부를 위한 프로그램에서 영어가 된다는 식의 말은 맞는 말은 아닙니다만, 그런 말을 하는 것이 이해는 할 수 있습니다. 결국 영어로 밥벌이를 하는 곳이니까요. 하지만 돌아보면 이 영어를 향한 찬가는 영어와는 전혀 관계가 없는 곳에서도, 우리가 모르는 사이에도 반복되고 있습니다. 웃고 즐기는 오락프로그램에서도 우렁차게 들리더군요. 2011년 3월에 F(x)라는 그룹이 새로운 앨범을 발표했습니다. KBS FM라디오 방송에 출연한 이들은 노래도 하고 근황도 들려주느라 바빴습니다. 그때 그 라디오 디제이 중 한 사람이 앰버라는 이름의 가수에게 물었습니다.

"앰버 씨, 어머니에게 영어로 안부 좀 전해드리죠."

대만계 미국인인 앰버라는 아가씨는 웃으며 곧 유창한 미국식 발음으로 엄마, 아빠 사랑해요. 제 앨범 사주세요, 뭐 이런 식으로 인사를 했고 거기 모든 사람들은 웃으며 박수를 쳤습니다. 미국사람에게 굳이 자기나라 말을 하라고 요구하고, 그것을 듣고서 즐거워하고, 마치 특별한 일을 한 것처럼 하는 것은 정말 이상한 일이 아닐 수 없었습니다. 하지만 미국인이니 그렇다 치죠. 그런데 한국 교포 출신 연예인에게는 더욱 뜨거운 반응을 보입니다. 진행은 비슷합니다. 누군가가 영어로 "간단히" 한마디를 부탁하면 그 사람은 약간 멋쩍은 듯 웃고선 바로 몇 마디를 합니다. 물론 미국에서 태어났거나 많은 시간을 미국에서 보낸 젊은이들의 영어는 보통의 한국 사람들과는 질적으로 다릅니다. 주저함이 없고, 발음도 아스팔트에서 인라인 스케이트가 굴러가는 듯 너무 자연스럽습니다. 물론 간단한 영어 몇 마디가 끝나면 진행자는 "우와"로 시작하는 칭찬을 늘어놓습니다. 외국(많은 경우에 미국 서부입니다)에서 살다온 연예인 치고 어디 나와서 이런 식의 칭찬 아닌 칭찬을 받아보지 못한 사람은 없을 겁니다.

이런 대화에는 종종 서글픈 조연들이 낄 때가 있습니다. 진행자는 옆 자리에 앉은 제3자 중 하나(개그맨인 경우가 많죠)에게 방금 한 말을 알아들었냐는 식의 질문을 던집니다. 물론 곧바로 엉뚱한 답이 나오거나 난감한 얼굴이 되면서 좌중을 웃기죠. 영어를 못하는 우리의 얼굴을 대변하는 격입니다. 한편으로는 부럽고, 한편으로는 못하는 것이 당연한 이 묘한 내적 갈등을 웃음이 대신하여 풀어주는 셈입니다. 그걸 듣고 있는 우리는 저 정도 영어는 해야 한다는 압박을 은연중에 느끼게 됩니다. 웃고 즐기자고 보는 프로그램에서조차 말이죠.

기업, 학교, 상품명에까지 영어를 쓰는 까닭

돌이켜보면 이런 영어에 대한 압박은 항상 우리 주변에 있어왔습니다. 우리가 흔히 보아온 영어 간판과 영어로 된 이름들이 그것입니다. 럭키금성은 LG가 되었죠. 미국 사람들은 LG가 그들의 모토인 "Life is Good"의 줄임말인 줄 압니다. 럭키금성이었다는 사실은 꿈에도 모를 겁니다. 선경은 영어 표기의 약자인 SK로 이름을 바꾸었고, 한국통신은 Korea Telecom이 되었다가 그도 모자라 KT가 되었습니다. 이렇게 영어로 회사 이름을 쓰는 것은 이미 어느 한두 기업의 문제가 아니라 대세가 된 지 오래입니다.

> "유가증권 시장(637개 사)과 코스닥 시장(882개 사)의 상장사 1,555개 사 가운데 영어 회사 이름은 989개 사(63.60%)다. 나머지 566개 사만이 한글과 한자 이름을 붙였다. (……) 기술을 뜻하는 텍이나 테크, 벤처기업을 대표하는 인터넷, 신기술 분야인 바이오, 나노 등을 회사 이름으로 사용하는 경우가 많아 이런 결과를 낳았다."[9]

또한 새로 생긴 기업이나 이름을 바꾸는 기업에서는 이런 경향이 더욱 심하다고 하네요. "'디질런트FEF, 옐로우앤실리샌드, 매커스, 테코스, 휴바이론, 에임하이, PSK, TCK"[10] 이런 식이죠.

회사의 이름만이 아닙니다. 상품명을 예로 들면 끝이 없습니다. 어디 되는 데까지 쭉 나열해볼까요? KTX(고속철도), KT&G(옛날 담배인삼공사), 클라우드 나인, 로 크럭스, 인디고, 에쎄필드, 에쎄원, 제스트, 후레시레종, 더원, 에세멘솔, 에쎄라이트, 시즌, 에쎄클래식. 타임라이트, 허밍타임, 타임, 리치, 심플(이상 담배 이름), 타워팰리스, 아이파크, 홈타운, 자이, 스윗닷홈, 롯데캐슬, SK VIEW, 센트레빌, 리슈빌, 솔파크, 에버빌, 굿모닝힐, 브라운스톤, 미션힐(이상 아파트 이름), 뉴스타임, 시사투나잇, 타임포커스, 상상플러스, SBS 스페셜, 후 플러스, 다큐 스페셜, 그린 로즈, 러브스토리 인 하버드, 로열 패밀리, 마이더스, 커피 프린스, 소울 메이트, 레알스쿨, 마이 프린세스, 드림하이, 해피 선데이(이상 방송 프로그램 제목), 핑클, 베이비복스, 쥬얼리, 투애니원, 애프터 스쿨, 브라운 아이드 걸스, 시크릿, 레인보우, 빅뱅, 수퍼주니어(이상 음악그룹), 애니타임, 스카치캔디, 초코파이, 월드콘, 죠스바, 스크류바, 홈런볼, 에이스, 부라보콘, 빅파이, 오마이봉, 빅카라멜콘초코, 히트볼(이상 군것질거리)…… 굉장하지 않습니까?

이윤의 극대화를 추구하는 기업이나 상품명은 뭐 그렇다고 치죠. 그렇지만 공익을 추구하는 집단들도 왠지 영어에 끌리는 것

같습니다. 여기에는 학교도 예외가 아닙니다. 한 보도에 의하면 전문계 고등학교가 특성화 고등학교로 바뀌면서 이름을 바꿀 때 기존 이름을 버리고 영어 이름을 쓰는 일이 흔해졌다고 합니다. 예를 들어 군포정보산업고는 '군포e비즈니스고'로, 반월정보산업고는 '경기모바일과학고'로, 화성의 발안농생명산업고는 '경기바이오과학고'로, 용인농생명고는 '용인바이오고'로 이름을 바꾸었습니다.[11]

여기가 끝이 아닙니다. 심지어 지자체들도 사정은 비슷합니다. 4,100만 원을 들여 만든 여주군의 도시 브랜드는 'Sejong'이라는 큰 영문 문구 아래 자그마하게 '세종여주'라는 한글 문구가 걸려 있습니다(세종대왕이 좀 뻘쭘할 듯합니다). 이런 식으로 영어로 도시 브랜드를 만든 곳은 경기도에서만 11곳이랍니다. 'Happy Suwon'(수원시), 'Let's Goyang'(고양시), 'Gwangju Clean'(광주시), 'Bravo Ansan'(안산시) 이런 식으로 말이죠. 나머지 대부분도 영어를 섞어서 만들었고 영어를 완전히 쓰지 않은 곳은 31개 경기도 시군 가운데 6곳에 불과했답니다.[12] 한글의 문화적 중요성과 우수성, 이런 논의를 떠나 우리 곁에 얼마나 깊이 영어가 파고들었는지를 보여주는 슬픈 단면입니다.

이 모든 것을 가벼이 여길 수도 있습니다만 가만히 들여다보면 이런 이름을 짓는 데는 한 가지 가정이 있습니다. 이 정도는 사람들이 다 알겠지 하는 것이죠. Telecom이 무엇인가요? 아마도 Telecommunication의 줄임말이겠지요. 텍이나 테크는 Technology일 테고, 바이오는 Biology이기 쉬울 테죠. 옐로우앤실리샌드는 좀 쉽지 않군요. 옐로우 앤 실리 샌드인가요? 그렇다면, Yellow and Silly Sand일 것 같은데요. 앗, 제가 틀렸군요. Yellow & Silisand였군요. 이런. 그나마 또 이 회사는 상호를 바꿨네요. 옐로우엔터테인먼트로요. 이건 좀 추측하기 쉽습니다. Yellow Entertainment일 테죠. 하지만 Yellow라는 말과 Entertainment라는 말을 모르는 사람들은 어쩌라는 말인가요?

이렇게 이름을 지은 사람들은 (회사 주인이나 작명소였겠죠) 이 영어 단어들을 대부분의 사람들, 아니면 최소한 자신의 고객들 정도는 알고 있으리라는 가정을 하고 있는 것입니다. '에이, 이 정도는 무슨 말인지 알지?'라며 지나가는 행인이나 고객에게, 알고 있거나 그 뜻을 모른다면 대충이라도 짐작할 수 있어야 한다고 넌지시 말하는 꼴입니다.

이명박, "영어를 잘하면 부자가 된다"

온 나라에 영어 찬가가 퍼지는 것을 막으려고 해도 시원치 않을

이 대한민국에서 나라의 지도자라는 사람 입에서 영어 찬가가 나오는 것을 들을 때면 참 의아하더군요. "외국 인사들과 만날 때 통역 없이 가벼운 대화를 나누거나 어떤 경우에는 통역의 사소한 실수를 지적하기도 할 정도"의 영어 실력을 가졌다고 알려진 이명박 대통령은 당선자 시절부터 영어의 중요성을 강조하고 다녔습니다. 그는 "외국을 다녀보면 다 알겠지만 영어를 얼마나 하느냐에 따라 좋은 일자리를 얻느냐 못 얻느냐 등 소득의 차이가 난다"면서 "비영어권 나라에서 국민이 영어를 잘하는 나라가 국민이 영어를 잘 쓰지 못하는 나라보다 훨씬 더 잘산다"라고 지적했습니다. 그리고 더 나아가 "세계화 시대에서 앞으로 더 그럴 것"이라면서 "이 현실을 받아들이고 총력을 기울여서 자라나는 아이들이 세계를 향해 나가고 그 중심에 갈 수 있게 만들 책임이 우리에게 있다"라고 역설했습니다.[13]

물론 얼핏 들으면 그럴듯하게 들립니다만 환상에 지나지 않습니다. 나중에 자세히 논해보겠습니다만 영어를 잘한다고 해서 세계화 시대에 성공한다는 말은 논리적으로 말이 되지 않는 주장입니다. 그리고 필리핀 사람들이 영어를 잘해도 가난한 것이나, 미국이 잘살게 된 것이 사람들이 영어를 해서가 아니라는 것, 또는 영어를 못하는 일본이 잘사는 것 등을 생각해보아도 이명박 대통령의 영어에 대한 믿음은 말 그대로 믿음일 뿐이라는 걸 쉽게 알 수 있습니다.

그런데 이러한 환상에 빠져 있는 사람은 대통령 혼자가 아니었습니다. 숙명여대는 1997년 미국의 메릴랜드대학과 협력해서 국내 최초로 테솔TESOL(비영어권 학생들에게 영어를 가르칠 수 있는 자격증)을 만들었는데 그 배경에는 미국에서 유학한 이경숙 총장이 있었습니다. 이명박 정권의 대통령 인수위원회 위원장을 맡은 그녀는 이유는 알 수 없지만 그 바쁜 와중에도 영어 전도사를 자처합니다. 오렌지를 미국인들이 못 알아듣는다면서 '어륀지'로 표기를 바꾸어야 한다고도 했죠. 물론 단편적인 예에 지나지 않는다고 볼 수도 있지만 이 또한 말이 안 되기는 마찬가지입니다. 표기를 바꾼다고 발음이 달라지는 것은 아니겠죠. 영어를 전혀 못하는 사람이 '오렌지'라고 읽던 '어륀지'로 읽던 듣는 미국 사람 입장에서는 비슷하게 들릴 테니까요.

욕심 때문인지, 이명박 대통령과 비슷한 믿음 때문인지 인수위원회는 일반 학교에서 영어로 수업을 하는 영어 몰입교육까지 밀어붙였습니다. 이경숙 위원장뿐만이 아니었습니다. 대통령직 인수위원회 주최로 열린 '영어 공교육 완성을 위한 실천방안 공청회'를 들여다보면 영어 몰입교육에 취한 목소리가 우렁찼습니다.[14] 숭실대 박준언 교수는 "인수위에서 우리나라의 영어 교육의 내실화를 위해 작심하고 큰 안을 만들어주시고, 또 실천에 옮기시려는 것을 보면서 국민의 한 사람으로서 환영한다"면서 "이제 획기적인 변화가 있을 것"이라고 했고, 고려대 홍후조 교수는 "한 나라의 외국어, 다문화에 대한 이해 수준이 그 나라의 지속가능한 발전을 가능하게 하는 중요한 수단"이라면서 인수위의 정책 방향에 대해 "매우 시의적절하다"고 했습니다. 이러한 주장을 뒷받침하는 연구도 있었죠. 숭실대 박준언 교수는 '한국영어교육학회'를 통해 발표한 연구보고서에서 우리나라가 본떠야 할 '영어 몰입교육'의 모델로 말레이시아를 뽑았습니다. 한국교육개발원 윤유진 연구원도 "캐나다의 경우 전체 초중고교의 5~6%가 전 과목 몰입교육을 실시해 큰 효과를 보고 있다"고 주장했고 더 나아가 "대만 등의 연구결과를 보면 몰입교육을 해도 일반 교과에 대한 이해가 떨어지지 않고 문화적 정체성도 문제가 없는 것으로 나타나고 있다"는 주장을 했습니다.[15]

다행히 인수위 차원에서 논의되었다가 여론에 밀려 폐기되다시피 했지만 정부 차원에서 학생들에게 영어로 사회나 과학을 가르치고 공부하게 하겠다는 발상을 이 정도까지 구체화해서 공론화했다는 사실 자체가 이명박 정부의 인식을 보여주는 상징적인 사건이라 할 수 있겠죠.

이명박 정부의 인식이라는 것이 어떤 것인가요? 돈만 좀 들이면 별 문제 없이 챙길 수 있는 것이 영어 실력인 것이지요. 한 언어가 가지는 문화적, 민족적 가치는 안중에도 없습니다. 서구 민족주의의 발달을 고찰한 것으로 유명한 베네딕트 앤더슨Benedict Anderson의 책[16]을 보면 한 정치 단위가 민족이라는 거대 집단이 되는 데 가장 큰 공헌을 한 것으로 지역 언어의 발달을 꼽습니다. 고대 언어이자 교회의 언어인 라틴어가 몰락하고 이전까지 천시되던 지역 언어가 발달하면서 그 지역 정치체제와 민족의식이 발달했다는 것이죠. 프랑스와 러시아가 전형적이 예입니다. 물론 이는 서구의 예이긴 합니다만, 동양에서도 민족이라는 집단을 만들고 그 단체를 유지하는 데 언어는 너무나 중요한 요소입니다. 한반도에서 한민족이 중국의 간섭을 견디고 한 집단으로 살아남을 수 있었던 것도, 일제의 지배를 견딘 것도, 남북이 전쟁을 하고도 평화를 이루기 위해 애쓰는 것도 모두 한 언어를 바탕으로 한 한 민족이라는 동질감이 큰 역할을 한 것은 분명합니다.

한 언어가 이토록 강력한 정치적, 문화적 여파를 가질 수 있는 것은 오랜 시간 쓰인 언어는 그 집단의 정신적, 정서적 일부가 되기 때문입니다. 즉 언어라는 것은 당장 쓰고 버리거나 이롭다고 간단하게 주워 담을 수 있는 시장의 물건이 아니라는 것이죠.

만약, 만약에 말입니다. 성공적인 영어 몰입교육을 통해 전 국민이 영어를 자유롭게 구사하게 된다면 이 또한 예상치 못한 결과를 초래할 것입니다. 기본적으로 민족을 하나의 집단으로 만드는 중요 틀을 파괴하는 셈이니까요. 이후 또다시 민족 전체에게 일제 침략과 같은 정치적 위기가 온다면 20세기 초와는 아주 다른 결과가 올 수도 있죠. 물론 민족의 동질성이라는 것이 더 이상 중요치 않다고 할 수도 있지만 민족을 바탕으로 한 국가의 지도자들이 할 소리는 아니라고 봅니다.

'미국어천가', 사기꾼들의 노래

대통령과 그의 추종자들이 아무리 세련된 영어를 강조한다거나 학교에서 밀어붙인다고 모든 사람이 영어를 잘할 수는 없습니다. 또 그렇게 되어도 별로 바람직하지 않은 일입니다. 그렇지만 이상하게도 우리 사회 어디에서든 영어를 꼭 해야 한다고 끝없이 권해지고 있습니다. 마치 무슨 신입생 환영회 자리에서 부어지는 술과 같습니다. 물론 그 잔을 거절하기는 쉽지 않습니다. 술자리에서처럼 모두가 쳐다보는 그 눈길을 무시하는 것은 쉽지 않습니다. 더군다나 다함께 한목소리로 말합니다.

"영어는 하면 늘어."

과연 그럴까요? 하긴 술도 하면 할수록 는다고 들었습니다. 그러나 그렇게 많이 늘지는 않더군요. 술에 떡이 되어서 정신을 못

차리는 것을 느는 것이라면 또 모르겠지만요. 간혹 느는 사람들이 있습니다. 하지만 보통 그런 사람들은 애초에 몸이 술에 잘 견디는 사람이거나 오랜 세월 술을 마셔 술을 이긴 경우입니다. 영어도 마찬가지입니다. 그렇게 많이 늘지는 않지요. 한두 마디 겨우 이어가는 것을 느는 것이라면 또 모르겠지만요. 간혹 느는 사람들이 있습니다. 하지만 보통 그런 사람들은 애초부터 외국어에 재능이 있는 사람이거나 오랜 세월 영어에 몰두한 경우입니다. 하루에 한두 시간 연습해서 몇 달, 몇 년 만에 사람들이 말하는 것처럼 되는 것은 극히 드문 일입니다. 그러나 어찌된 일인지 모두들 된다는 이야기뿐입니다. 이런 상황을 지칭하는 명사가 있죠. 이건 다름 아닌, 사기입니다.

혹시 〈스팅Sting〉이라는 영화를 보셨나요? 폴 뉴먼, 로버트 레드포드가 사기꾼으로 나오는 1973년 영화입니다. (배경 음악도 잘 알려져 있어 들어보면 다들 '아, 이 음악' 하실 겁니다. 안 봤으면 한번 꼭 보세요. 정말 재미있는 영화입니다.) 이 영화에서 폴 뉴먼이 연기한 사기꾼 선배가 강조하는 것은 (별로 뭐 교육적인 것은 아니지만) 상대방이 사기를 당하는지도 모르게 사기를 치라는 겁니다. 그리고 영화에서는 완벽하게 사기 치기에 성공합니다.

그렇게 보면 우리 사회의 '미국어천가'도 참으로 뛰어난 사기입니다. 사람들은 대부분 원래 되지도 않는 것을 하면서 안 되면 좌절합니다. "나는 아무리 해도 ○○○[17]처럼 안 돼"라고. 그리고 그것을 자기 탓(!)으로 돌립니다. 자기 탓이라고 하기에는 처음부터 사회의 요구가 무리였다는 것을 아무도 의심하지 않습니다. 그러고는 오늘도 다시 마음을 다스리고 더 좋다는 영어 교재를 사들이고, 더 유명한 영어 학원으로 발걸음을 돌립니다. 이번에는 끝장을 보자는 결연한 결심과 함께요.

우리 사회에서 얼마나 많은 사람들이 합기도가 안 는다고 좌절했을까요? 얼마나 많은 사람들이 꽃꽂이가 잘 안 된다고 슬퍼했을까요? 과연 몇 명이나 널뛰기가 안 된다고 밤늦게까지 연습을 했을까요? 다 잘할 수도 없고, 다 잘할 필요도 없는 영어를 다들 열심히 하고, 혹은 한 번이라도 신경 쓰고 하는 것은 참 기가 막힌 사기인 것입니다.

세계화의 논리에 놀아나는 대학 영어 강의

지성의 전당 대학에 퍼진 영어병

많은 한국 사람들은 젓가락을 쓰는 게 그리 어려운 일은 아닙니다. 어려서부터 해왔고 다들 옆에서 쓰니 자연스레 배우게 되죠. 하지만 요즘에는 젓가락질을 잘하는 미국 사람들도 종종 봅니다. 일본 음식이나 중국 음식을 좋아해서 배우게 됐다고 하는 사람이 꽤 있습니다. 젓가락질은 나이가 들어서도 조금만 연습하면 할 수 있는 것이죠.

그렇지만 영어는 다릅니다. 대부분의 경우 영어라는 언어와 그에 상응하는 사고체계를 배우고 익히는 것은 보통 일이 아닙니다. 앞서 말씀드린 것처럼 언어에 재능이 있는 사람이나 특별히 영어가 꼭 필요한 극소수의 사람이 아니면 아주 힘든 일이죠. 하지만 어찌된 일인지 지금의 한국 사회는 이 빤한 사실을 잊고 있을뿐더러 이에 대한 질문을 하는 것조차 허락되지 않습니다. 대신 모두 "열심히 하면 다 된다", "그래 할 수 있어!"라며 무작정 앞으로만 가고 있습니다. 그러나 안 되는 것은 안 되는 겁니다. 영어를 배우는 것이 일식이 좋다고 젓가락질을 배우듯 될 일이 아니지 않습니까? 안 되는 것을 하다보니 우리는 희한한 일을 보게 될 때가 종종 있습니다. 그것도 지성의 전당이라는 대학에서 말입니다.

다음은 대학생을 위한 한 정치학 교재의 일부입니다.

> "정부제도는 통치와 관련되는 공직의 집합이다. 정부제도는 공직 담당자와 이들의 직무 수행을 뒷받침하는 규범과 절차 및 물적 자원에 의해 가시화된다. 정부제도의 통치 기능 수행은 곧 국가가 그 영토에 거주하는 주민의 공동생활에 질서와 통일성을 부여하며 구속력 있는 결정을 집행하는 것이다. 정부제도는 사회적 조건의 영향을 받으며 운영되지만 한편으로는 독립적인 통제력을 갖고 사회 내의 무수한 개인과 집단 간의 상호작용에 제약을 가한다."[18]

정부란 어떤 것인가에 대한 논의군요. 정치학을 공부한 저로서는 그렇게 낯선 내용이 아니네요. 그런데 질문이 좀 생기는군요. 예를 들어 '통일성을 부여'한다는 것이 무슨 뜻인지 좀 더 구체적으로 알고 싶네요. 통일성이라는 것이 어떤 정치적 이데올로기를 말하는 것인지, 그냥 교육제도처럼 국가의 제도를 말하는 것인지, 그리고 그런 통일성이라는 것이 바람직한 것인지 생각해볼 필요도 있습니다. 대학 공부라는 것이 이처럼 이런저런 질문과 대답 속에 자연스레 많은 생각이 모이고 나누어지며 그 가운데서 사고가 성장하는 것이지요. 그런데 이러한 생각의 모임과 나눔이 모두 영어로 이루어진다면 과연 의미 있는 수업이 될까요? 단어를 외우고 문장을 익히기도 벅찬 판에 '통치 기능 수행'과 그로 인한 '통일성'의 부여에 대해 궁금해하고 토론하고 생각하는 것이 과연 영어로 할 수 있는 걸까요?

무슨 걱정이 그리도 많으냐고 하신다면 제가 도리어 무슨 말씀이냐고 해야 할 판입니다. 현재 한국 주요 대학들은 영어의 폭풍 그 한가운데 있습니다. 〈표 3-1〉은 주요 대학교의 영어 강의 비율을 보여줍니다. 이 자료에 따르면 카이스트는 영어 강의 비율이 91%에 달합니다. 포스텍도 60%에 육박하는군요. 고려대학교도 40%이고 한국외국어대학교, 성균관대학교, 경희대학교도 35% 정도 됩니다. 그 뒤를 연세대학교(28.%), 서강대학교(25.7%), 한양

표 3-1 | 2010년 기준 주요 대학 영어 강의 비율(단위: %)

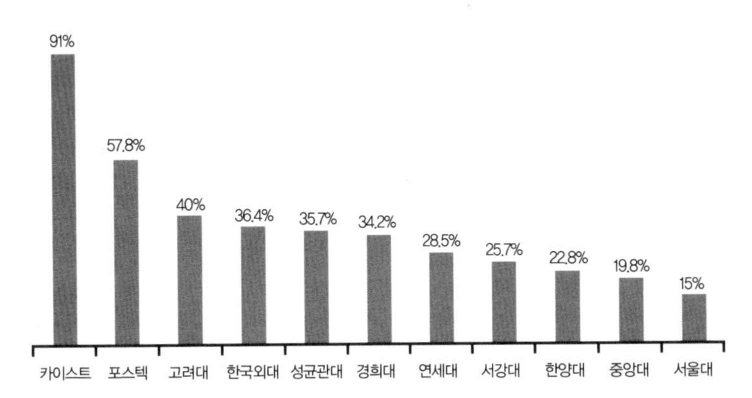

자료: 각 대학
출처: "교수는 영어 강의한다는데…", 조선일보, 2011.2.23

대학교(22.8%), 중앙대학교(19.8%), 서울대학교(15%)가 따르고 있습니다.

학교마다 다르겠지만 그리고 학생들이 선택할 수 있도록 되어 있는 경우도 있겠지만 어떤 과목들은 학생들이 반드시 들어야만 하는 과목인데 영어 강의로 진행되는 경우도 있습니다. 대학교 내 각 단과대마다 그 영어 강의 비율은 차이가 있습니다. 좀 지난 자료이긴 합니다만 2008년 고려대학교를 보면 90%가 영어 강의로 진행되는 국제학부를 제외한 일반 학부에서 정보통신대(59%)와 경영대(56%)가 비율이 높았습니다. 정보통신대의 경우 전체 41개의 수업 중 24개가, 경영대는 112개의 수업 중 63개가 영어 강의였습니다.[19] 전공뿐 아니라 각종 교양 과목까지 폭 넓게 진행되고 있어 이제 아무런 제한도 없어진 듯합니다. 고려대학교 안암 캠퍼스의 2011년 봄학기 교양 과목 중에서 영어 강의로 진행하는 수업을 찾아보았습니다. 언어와 문화, 인도문화와 힌디어, 아동문학과 영미문화, 현대패션디자인의 이해, 뇌과학의 윤리적 이해, 마음의 과학, 세계화의 주요 이슈: 비교역사적 관점, 여성학, 토양환경과 지구생태계, 경제학을 위한 과학적 계산, 회계학원리, 경영통계, 한국사의 재조명, 화학의 기초 및 연습Ⅰ, 시장과 경제, 응용경제수학, 미적분학 및 연습, 경제원론, 뉴 스포츠, 한국미술의 이해, 미술과 문화 등입니다. 영어 강의가 정말 광범위하게 퍼져 있다는 것을 알 수 있습니다.

울며 겨자 먹기, 대학 영어 강의 실태

이런 영어 강의는 2000년대 중반부터 눈에 띄게 증가했다고 합니다. 연세대학교의 경우 1999년 2학기에 처음으로 시작되어 오늘에 이르렀는데요, 〈표 3-2〉에서 보시다시피 2006년 2학기를 기점으로 가파른 상승세를 보입니다. 학과나 단과대 차원에서 영어 강의를 하는 것은 이제는 오히려 평범해 보입니다. 요즘은 영어

표 3-2 | 연세대의 영어 강의 비율

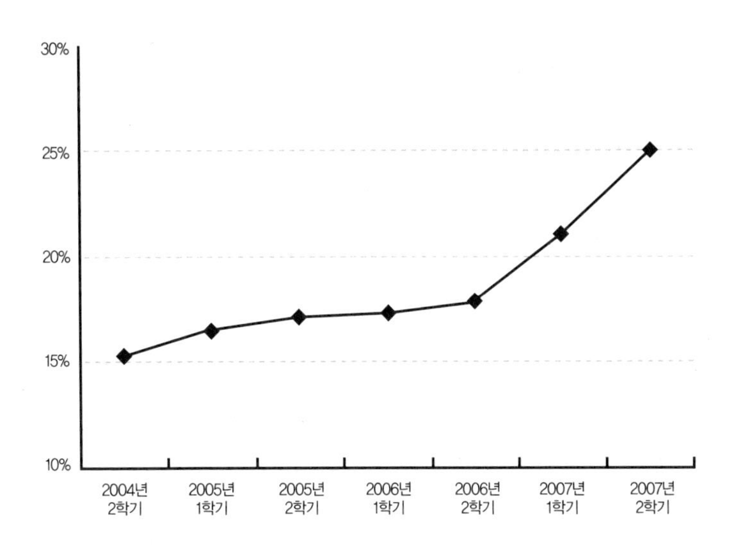

출처: 안재욱, "테니스 수업까지 영어로 할 필요가 있나요?"[20]

강의로만 진행되는 학부를 아예 따로 만드는 경우도 있습니다. 그 대표적인 예가 연세대학교의 언더우드 스쿨이나 고려대학교의 국제학부입니다.[21] 이런 곳에서는 모든 강의가 영어로 진행되는 만큼 외국에서 오는 유학생을 유치하는 데 일조를 합니다. 가장 오래된 연세대학교의 언더우드 스쿨 같은 경우에는 총 22개 나라에서 온 학생들이 있습니다.[22] 다른 학교들이 가만히 있을 리 없죠. 규모는 상대적으로 작지만 여러 대학에서 비슷한 프로그램이 시도되고 있습니다. 한양대학교의 국제학부[23], 한국외국어대학교의 국제학부[24], 경희대학교 국제대학[25], 국민대학교의 인터내셔널 스쿨[26] 등이 그것입니다.

영어로 진행되는 단과대학도 새로운 시도지만 이미 여기에서 한걸음 더 나간 야심 찬 시도도 있습니다. 연세대학교는 최근 캠퍼스를 송도에 새로 건립하여 모든 강의를 영어로 진행할 예정입니다. 한 교정 안에서 일부의 강의를 영어로 하는 것이 아니라 아예 영어 강의만 하는 캠퍼스를 따로 건립하는 것이죠. 이 캠퍼스로 의예과, 치의예과, 약대, 언더우드 국제대학 등이 옮겼고, 2011년 현재 총 429명의 신입생이 입학한 것을 시작으로 2013년에 완전한 개교를 할 예정입니다.[27] 이 캠퍼스가 완성이 되면 마치 미국의 학교를 한국에다 옮겨놓은 모양이 될 것입니다. 게다가 정도의 차이는 있지만 영어 강의의 확대는 서울에만 국한된 일이 아닙니다. 부산의 부산대학교와 한국해양대학교[28], 포항의 한동대학교, 공주대학교[29], 순천대학교 등으로 확대되어 이제 전국적인 현상이 되어버렸습니다.

영어 강의의 증가는 무턱대고 이루어지는 것이 절대 아닙니다. 대학 차원의 강력한 의지와 제도적인 장려 없이는 있을 수 없는 일이지요. 대학 차원의 가장 큰 무기는 신임 교원 채용입니다. 일단 교원의 고용에서부터 영어를 중요한 고려 대상으로 삼는 것이죠. 요즘 어떤 대학들은 영어 강의 능력을 단순한 참고사항이 아니라 필수항목으로 봅니다. 예를 들어 연세대학교의 신임 교원은 2006년 2학기부터 의무적으로 2년 내에 3과목을 영어로 강의해야 합니다. 고려대학교는 이보다 한 발 더 나아가 "2003년 9월 1일 이후 임용된 신임 교원들은 한 해 모든 담당 교과목에 대해 3년간 의무적으로 영어 강의를 할 것을 규정"하고 있습니다. 여기서 더 나아가 고려대학교는 2008년 1학기부터 강사들까지도 '영어 강의 능력 인증제'에 참여시키고 있습니다.[30] 이 인증제라는 것은 "신임 교원들이 임용 3년째 되는 시점에 재임용 심사를 받기 위한 인증 프로그램"으로서 5학기까지 모든 과정을 이수해야 합니다. 이를 위해서 실제 수업을 촬영 기사가 방문하여 녹화하고 심사위원이 평가와 인증을 합니다. 아니면 "영어 강의 능력 향상을 위한 프로그램 6가지를 이수한 후 약 10분간의 시범 강의 녹화 자료로 인증 심사"[31]를 받을 수도 있습니다.

이렇듯 교원들을 영어로 몰아붙이는 채찍에는 당근도 따르는 법이죠. 기존 강의료에 좀 더 돈을 보태주는 식으로요. 고려대학교는 5만 원을 추가 지급하고 서울대학교는 강사에게도 시간당 3만 5,000원을 더 준다고 합니다.[32]

신임 교원 채용에서만 영어를 강조하는 것은 아닙니다. 이미 가르치고 있는 교수들에게도 영어 강의를 하라고 압박해 피하기 힘든 현실입니다. 서울대학교 같은 경우 전임교수가 영어 강의를 신규로 개설할 경우 강의 개발비로 200만 원을 지원해준다고 합니다. 채용 후에도 각종 제도를 통해 영어 강의를 장려하고 있습니다. 이런 교원들의 노력을 돕기 위해 각 학교마다 각종 영어 강의와 관련된 세미나가 열리는 것은 흔한 일입니다.

영어를 강조하는 사정이 이렇다보니 좀 당황스러운 일도 있습니다. 공주대학교도 교원 임용 시 영어 강의 능력을 테스트하는데요, 관계자에 따르면 "국제화 시대에 부응하기 위해 모든 학과에 영어 강의가 가능한 교수를 선발하기로 하고 예체능학과는 물론 국어교육과 교수까지 영어 강의 능력을 테스트하게 됐다"고 합니다.[33] 국어도 영어 강의를 하나봅니다. 사정이 이렇다보니 프랑스나 독일처럼 영어를 쓰지 않는 유럽 국가에서 학위를 마친 사람도 영어 강의를 해야 하는 놀랍고도 슬픈 일이 벌어지고 있습니다.[34]

영어 강의, 도대체 왜 하는지 모르겠다

이렇게 강의를 영어로 하고, 영어로 강의할 수 있는 사람을 교수로 뽑고, 영어 강의를 독려하는데 정작 그 소용돌이의 한가운데 있는 사람들은 어떻게 생각할까요? 2000년대 중반에 시작했으니 그때 새내기였던 학생들이 졸업을 하고, 또 그 다음 세대가 대학의 고학년이 된 지금 이제 대학들은 서서히 그동안 노력의 결실을 볼 시점이죠. 결론부터 말씀드리면 영어 강의의 성공은 아직 더 많은 시간이 필요해 보입니다. 그 증거는 쉽게 찾아볼 수 있습니다. 2011년 초 〈KBS 9시 뉴스〉에서 대학에서의 영어 강의에 대한 취재를 했습니다.[35]

한 강의실, 남자 교수가 영어로 강의를 하는데 띄엄띄엄 참 힘들어 보이더군요. 영어를 하는지 한국말을 하는지 언뜻 들어서는 알 수도 없고요. 수업이 끝나자 학생들은 앞으로 몰려가 한국말로 질문하느라 바빴습니다. 그렇지만 미국에서 살다 온 한 여학생은 영어 강의라고 기대를 했는데 너무 질이 떨어진다고 불평을 합니다. 또 다른 강의실에선 정반대더군요. 한 여자 교수는 능통한 영어로 자신감 넘치게 수업을 진행합니다. 학생들도 반응이 좋고 심지어 웃는 학생도 있고요. 하지만 영어가 훌륭한 만큼 반대로 다수인 토종 한국 학생들은 졸거나 전화기만 만지작거리고 있었습니다. 한 학생의 멋쩍은 말은 무척 공감이 갔습니다.

"너무 졸린데요. 너무 졸리고 안 그래도 어려운 내용인데……. 그것도 영어로 하니까 따라가기가……."

저와 직접 이야기해본 대학생들의 의견도 크게 다르지 않았습니다.

"유학 시절 원어민 수준으로 영어가 발전된 교수가 아닌 이상 교수의 '영어로 하는 강의 연습'이 될 뿐이죠. 전달하려고 하는 게 뭔지……. 수업의 타당성이 떨어지잖아요. (……) 추상적이고 관념적인 내용에 대한 정교한 묘사는 강의 대상이 원어민이 아니어서 더 힘드실 것 같다는 생각도 듭니다."

"수업이 되기야 하지만 강의의 수준이 매우 낮아져요. 한국어로 할 땐 안 그러다가 그냥 교재 읽는 수준으로 급 떨어지시는 분도 있고, 영어 잘하시는 교수님이시라 하더라도 학생 수준을 고려해야 하니 수업의 질은 떨어질 수밖에요."

"이번 학기 사회학 전공 수업 100% 듣고 있습니다. 조금만 복잡 난해한 개념이 나오면 다들 의욕을 잃는 분위기입니다. 영 개운치 않고 답답합니다. 교수님은 영어 수업의 효용성을 지지하시는 분인지라 상당히 적극적이시지만 수업 중 질문과 답 수준이 한국어로 할 때에 비해 양적, 질적으로 현저히 떨어지는 것을 본인도 아시니까 안타까워하시는 듯합니다."

"다정한 교수의 특성으로 그나마 덜 힘들었을 뿐, 간간이 있는 스트레스를 어쩔 수 없이 받아들인 면도 있습니다. 영어 강의로 힘들어하고 위화감을 느끼는 친구 많이 보았어요. 선택의 여지가 없어서……."

학생들의 불만은 여러 설문조사에서도 쉽게 확인할 수 있습니다. 〈글로벌 공학 인재 양성을 위한 영어 강의의 역할과 과제〉라는 연구 결과에 따르면 학생들은 영어 강의에 공을 드릴 대로 들이지만 수업의 만족도는 일반 강의에 비해 크게 떨어지는 것으로 나타났습니다.[36] 연세대학교에서 영어 강의를 듣는 공대생들을 대상으로 한 이 조사는 학부생(2~4학년) 810명, 대학원생 333명, 교수 87명을 대상으로 리커트 5점 척도(5점=매우 동의함, 1=은 전혀 동의하지 않음)를 활용해 영어 강의의 장점과 단점을 물었습니다. 이 조사의 결론부터 말씀드리면, 한마디로 영어 강의가 얼마나 힘든 것인지를 잘 보여주고 있습니다. 학생들은 우리말 강의에 비해 2.63배의 시간과 노력을 투입하고 있지만 강의 만족도는 70%에 불과한 것으로 나타났습니다. '전공 내용 전달이 약화된다'고 답한 학부생들의 평균 점수는 4.21점, 대학원생 4.10점, 교수 4.51점으로 매우 높게 나타난 반면 '전공 실력이 향상된다'고 답한 학부생들의 평균 점수는 2.37점, 대학원생 2.52점에 그쳤습니다. 모두 전공 내용의 전달이 약화된다는 데는 크게 동의한 반면, 정반대로 전공 실력이 향상된다는 데에는 강한 부정을 보인 것이죠.

서강대학교도 2010년에 학생들을 상대로 영어 강의 만족도를 조사했는데요, 만족도는 30%도 되지 않았습니다. 그 이유로는 첫째가 학생의 영어 실력 부족, 둘째는 교수의 영어 실력 부족이었습니다.[37]

영어 강의에 대한 만족도는 사실 천편일률적인 것이 아니죠. 고려대학교의 한 조사를 보면 영어로 수업을 하는 국제학부는 영어에 자신이 있는 학생들이 입학을 했고 이에 따라 만족도도 제일 높았습니다. 한 학생에 의하면 "학과 특성상 한국어 강의보다 영어 강의에 더 익숙한 학생이 많기 때문에 자연스럽게 수업 만족도 역시 높은 것 같다"라네요. 이뿐 아니라 교수들도 영어 실력이 다른 학과 교수들보다 뛰어난 점도 높은 만족도의 또 하나의 이유인 듯합니다. 국제학부의 관계자도 "국제학부의 경우 교수 임용 시 어학 능력을 매우 중요시 여기는 편"이라며 "따라서 교수들의 영어 수준도 타 단과대에 비해 상대적으로 높기 때문에 영어 강의의 질도 우수할 것"이라고 했습니다.[38] 같은 조사에 따르면 가장 만족도가 낮은 곳은 간호대였고 다음으로 의과대, 언론학부 순이었습니다. 언론학부 이자민 비상대책위원장은 "영어로 수업을 하다 보니 학생들이 알아들을 수 있게 영어로 쉽게 풀어서 설명해야 하므로 심도 있는 강의가 이뤄지지 않아 만족도가 낮은 것"이라고 말했습니다.[39]

평가에 목을 매는 대학들

학생들이 영어 강의에 많은 문제를 느끼고 있다면 가르치는 교수들은 어떨까요? 영어 강의에서 심각한 문제점이 있다면 가르치는 교수가 누구보다 더 잘 알고 있을 텐데요. 둘러보면 여기저기서 가르치는 교수들의 걱정과 불만을 들을 수 있습니다. 대학에서 가르친다는 것이 그저 교과서의 내용만 전달하는 것은 아니죠. 때로는 행간을 읽어야 할 때도 있고 나름대로 그 저자가 말하는 것의 '아' 다르고 '어' 다른 느낌의 중요성을 이야기해야 할 때도 있거든요. 그렇지만 영어로 하는 강의에서 학생과 교수 양쪽 모두에게 이 모든 것을 논하기가 쉬운 일은 아닐 것입니다. 카이스트의 정재승 교수는 한 라디오에 출연해 "뉘앙스를 전달 못하고 교과서에 있는 것만 전달"[40]하는 현실을 안타까워했습니다. 한 카이스트 교수는 "전 과목 영어 강의는 '체계적인 고문'에 지나지 않는다"[41]고 했고 지난 8년간 영어로 강의한 카이스트 전산학과 문수복 교수도 "영어 때문에 강의 내용을 따라오지 못하는 학생들이" 있다고 걱정했습니다. 이러니 수업 진도가 제대로 나갈 리 없죠. "교수들은 번역서를 원서로 바꿔서 영어 강의를 하면 수업 진도는 3분의 1로 떨어지고, 번역본이 있으면 절반 수준이라는 데 공감한다"[42]고 하네요.

그런데 이러한 염려는 어찌 보면 영어에 능통한 교수에게나 해당되는 사치스러운 걱정일 것입니다. 실제로 많은 교수들은 영어 강의 자체를 힘들어하고 있는 실정이니까요. 한 예를 보죠.

> 서울 지역 ㅎ대학에서 수학교육을 전공하는 ㅂ교수는 미국에서 석·박사를 했다. ㅂ교수는 영어가 유창하다는 얘기를 곧잘 듣지만 한 학기 내내 진행되는 영어 강의는 "자신이 없다"고 털어놨다. "아무리 '잉글리쉬즈'(비영어권 사람들의 영어)가 대세라지만 일상회화와 대학교육은 분명히 다르지 않나."[43]

제가 만난 서울의 A대학 X교수는 A대학에서 학부부터 박사까지 성공적으로 마쳤습니다. 남들이 보면 모두 와하고 부러워할 경력이죠. 하지만 X교수는 영어에 대한 중압감에 괴로워하고 있었습니다. 모교에서 쭉 있었으니 영어가 모국어처럼 유창할 수는 없죠. 그걸 잘 아는 모교가 임용할 때 영어 강의를 조건으로 내걸었고, 그래서 울며 겨자 먹기로 영어 강의를 해야 된다며 이 모든 것이 미친 짓이라고 하더군요. 그 교수는 무엇보다 강의 준비에 불필요한 시간을 너무 많이 써야 하는 것에 답답해했습니다. 강의를 영어로 준비하여 통째로 외워서 한다더군요. 여기에 드는 시간도 시간이지만 한국의 사회 실정을 논하는 강의를 하면서 빤한 한국말도 영어로 번역해서 가르쳐야 하는 것이 오죽 답답하겠습니까? 예를 들어 '새마을운동' 하면 무엇이 떠오르십니까? 나이에 따라 좀 다르겠지만 구체적인 사업을 떠나 대중 동원, 마을 입구에 펄럭이던 촌스러운 깃발, 모자, 새마을 노래 등이 아니겠습니까? 그런데 사실 새마을운동이라는 말에서 떠오르는 이런 단편적인 연상들이 이 운동과 그 시대상을 이해하는 데 매우 중요한 단서이죠. 하지만 'New Town Movement'라고 영역이 되면 답답해집니다. 하지만 이를 새마을운동이라고 말해버리면 한국말을 한 것으로 여겨져서 평가에 안 좋은 영향을 미친다고 했습니다. 그 교수는 이래저래 안타까워하며 힘들어하고 있었습니다.

이런 불만의 단편적인 예는 종합적인 조사에서도 명확하게 나타납니다. 위에서 인용한 연세대학교 공대생을 대상으로 한 조사에서 교수들은 보통 강의보다 영어 강의를 준비할 때 공은 2.11배로 들어가지만 강의에 대한 만족도는 74% 정도에 불과했습니다.[44] 그도 그럴 것이 대학교육 자체가 쉽지 않은 것인데요, 그것을 남의 나라 말로 해야 하니 강의를 준비하는 사람들도 죽을 맛인 거죠. X교수는 한국에 대해 공부하고 싶은 사람이 한국말을 배워서 수업을 들어야지, 왜 우리가 영어를 배워 그들을 위해 가르쳐야 하느냐고 괴로워했습니다.

어떤 언어로 가르치느냐가 중요한 것이 아니다

왜일까요? 왜 한국 대학에서 이처럼 영어 강의가 늘어날까요? 많은 학생들이 괴로워하고, 많은 교수들도 힘들어하고 걱정하는데 어째서 영어 강의는 점점 확산되는 걸까요?

가장 쉽게 들을 수 있는 이유는 바로 세상이 바뀌었다는 것이죠. 이 주장에 따르면 국제화 시대에 영어는 더 이상 영어가 아닌 세계어라는 것이죠. 서의호 포스텍 국제화위원장(산업경영공학과 교수)이 그 좋은 예입니다. 서 교수에 따르면 "포스텍과 카이스트는 전면적 영어 강의로 세계적 도약을 꾀하고 있는데 이는 영어가 국제공용어이며 한국을 대표하는 학생들은 국제공용어로 세계와 소통할 수 있어야 하기 때문"이랍니다. 또한 학생들의 미래, 즉 유학을 가거나 취업을 했을 때에도 영어 강의는 도움이 된다는 것이죠. 서 교수는 "미국에서 공부하거나 현대, 삼성, LG 등 글로벌 기업이나 외국 기업에 들어가서 한국어로 말해달라고 주장할 수도 없다"며 "영어는 외국어도 아닌 국제공용어이며 학생들이 자유자재로 구사할 수 있게 해야 한다"고 합니다. 그는 이어서 영어로 인한 교수와 학생 간의 교류 문제에 대해 "동의하지는 않지만 영어 때문에 정서가 부족해진다면 (교수가) 더욱 영어를 유창하게 구사할 수 있게 노력해야 할 것"이라며 "문제는 교수들의 영어 구사력이지 학생들의 이해력이나 철학이 아니다"라고 말했습니다.[45] 또 다른 주장은 바로 "교육의 쇄국"을 끝내자는 것입니다.[46] 이인석 인천대학교 교수는 다음과 같이 주장했습니다.

"한국은 대학 응시자가 매년 줄고 있어 미달되는 정원을 외국 학생들로 채우지 않으면 안 되게 되었다. 학생 유치를 둘러싼 세계적인 경쟁 바람이 한국에도 불어 닥친 것이다. 학생 자원 확보를 위해서도 외국 학생을 위한 환경 개선이 시급한 실정이다. 영어 강의가 필요한 이유가 여기 있다."

언뜻 보면 수긍이 가는 주장입니다. 그러나 조금만 생각해보면 이치에 맞지 않습니다. 첫째, 영어가 국제공용어가 아닌 탓이죠. 무슨 말이냐고요? 이 세상 모든 사람들이 영어를 쓸 것 같죠? 사실 제일 많이 쓰는 언어는 중국어(약 10억)입니다. 그 다음이 스페인어(약 3억)와 영어(약 3억)이고 인도의 한 언어인 힌디어(약 2억)와 아랍어(약 2억)가 그 뒤를 따릅니다. 인도의 다른 언어인 벵갈리어(1억 8,000)도 있고 포르투갈어(1억 8,000)도 있습니다. 러시아어(1억 4,000)와 일본어(1억 2,000)도 있죠.[47] 유엔의 공식 언어도 아랍어, 중국어, 영어, 스페인어, 러시아어, 프랑스어입니다. 영어는 많이 쓰이는 말입니다. 많이 쓰이는 말들 중 하나일 뿐이죠. 하지만 이게 공용어라는 말은, 뭐랄까요, 미국에서도 들어보지 못한 말도 안 되는 소리입니다. 물론 영어가 다른 언어에 비해 좀 더 중요한 분야가 있을 것입니다. 그렇다면 그 분야에 종사할 사람들만 영어로 공부를 보완하고 영어에 좀 더 신경 쓰면 될 일입니다. 동양철학이나 국어교육을 공부하는 학생이 영어로 공부를 할 필요는 없습니다.

둘째, 대학에서 영어로 강의한다고 학생들이 외국 기업에 취직을 하거나 유학을 가서 영어를 "자유자재로 구사할" 수 있게 된다? 아, 이건 정말이지 눈 한 번 또는 두 번만 감았다 뜰 시간만 생각해보면 알 수 있는 농담이죠. 될 턱이 없죠. 아시잖아요? 주변을 돌아보세요. 누가 그렇게 영어 강의 덕에 그 정도로 영어가 늘었답니까? 게다가 언제부터 대학이 학생들에게 영어를 가르치는 곳이 됐습니까? 대학은 학생들의 영어를 가르치는 곳이 아니죠. 물론 가르치는 학과는 있기는 합니다. 하지만 그곳은 영문과이지 간호학과는 아닐 것입니다.

마지막으로 외국 학생들을 위해 영어 강의를 해야 한다는데요, 영어 강의를 한다고 그들이 한국으로 올까요? 왜 호주나 홍콩 (미국과 영국은 제외하고서라도) 대신 한국으로 올까요? 세계의 학생들이 왜 요리를 공부하러 프랑스에 갈까요? 대답은 하나입니다. 바로 강의의 질과 주제인 것이죠. 어떤 언어로 가르치느냐가 중요한 것이 아닙니다. 한국의 어느 대학 의대에 노벨의학상을 탄 교수가

10명이 있고 새로운 지식과 기술이 여기서 계속 나와서 의학계의 한 분야를 주도한다고 가정해보죠. 외국 학생들이 올까요? 오겠죠. 한국말로 가르쳐도 오고 싶어서 안달을 할 것입니다. 세계적인 제약회사나 학교에서 아마도 한국말을 가르쳐서 보낼 겁니다.

언론사 대학 평가가 대학을 망치고 있다

그렇다면 대학들은 도대체 왜 그렇게 영어에 안달일까요? 세계 공용어도 아닌 영어를, 강의를 영어로 한다고 늘지도 않을 영어를 왜 그렇게 다들 하려고 할까요? 진짜 이유는 다른 데 있음이 분명합니다. 서울대학교 이준구 교수의 지적은 그래서 귀 기울여야 합니다.[48] 그의 말에 따르면 대학에서 영어 강의가 폭발한 뒤에는 엉뚱한 이유가 있습니다. 바로 신문사들의 대학 평가가 그것입니다.[49] 예전에는 서울대, 연세대, 고려대가 제일 좋은 곳이라고 막연하게 여기곤 했죠. 하지만 그런 주먹구구식 평가는 오래된 일이 된 듯합니다. 새로운 대학 평가의 한 예를 볼까요? 중앙일보의 2010년 평가를 보면 카이스트가 1등이고 포스텍, 서울대학교, 연세대학교, 고려대학교, 성균관대학교, 경희대학교, 서강대학교, 한양대학교, 이화여자대학교 순입니다.[50] 이 순위를 어떻게 재느냐고요? 평가는 대학 주요 분야의 발전 정도를 가늠하는 점수를 매겨서 잽니다. 1994년부터 대학 평가를 해오고 있는 중앙일보의 2010년 종합평가 배점을 볼까요? 교육 여건 및 재정 95점, 교수 연구 115점, 국제화 70점, 평판도 70점이 배분되어 있습니다. '국제화'의 경우 70점 중 영어 강좌 비율이 20점을 차지합니다. 이를 백분율로 환산해보면 국제화는 전체 평가의 20%, 이 중 영어 강좌는 전체 비율의 5.7%에 달합니다. 20점은 단일 항목으로서는 최고 점수입니다. 그리고 이렇게 영어 강좌처럼 20점을 배정받은 항목은 교수 당 유명 학술지 논문 게재 수, 외국인 교수비율 등 4개밖에 되지 않습니다.

영어 강의는 그만큼 학교 평가에 중요한 요인인 것입니다. 더군다나 영어 강의는 단일 항목으로서도 중요하지만 국제화의 또 다른 항목과도 밀접한 관계가 있습니다. 바로 외국인 학생이 그것입니다. 외국인 유학생이 얼마나 많은가 하는 것은 15점으로 전체 평가의 약 4.2%를 차지합니다. 이 점수를 높이려고 대학들은 유학생 유치에 많은 노력을 합니다. 문제는 대부분의 유학생들이 한국어를 할 수 없다는 것이죠. 그러니 이들을 모으기 위해서 영어 강의를 제공하는 것입니다. 생각해보면 영어 강의는 꿩도 먹고 알도 먹는 것입니다. 영어 강의를 늘려 외국 학생들을 더 많이 유치하는 것은 알이요, 그 자체로 국제화의 점수를 높이는 것은 꿩인 것이지요. 이러니 "손쉽게 대학 평가 순위를 올릴 수 있는 영어 강의는 떨쳐버리기 힘든 유혹"[51]이라는 말이 쉽게 이해가 갑니다. 영어 강의가 비 온 뒤 대나무가 쑥쑥 자라듯 늘어나는 것이 당연한 것 아니겠습니까?

아닌 것 같은가요? 신문사의 평가가 그렇게까지 영향을 미치는 것이 믿기 힘들 수 있습니다. 하지만 대학들이 대학 평가를 얼마만큼 심각하게 여기나 하는 것은 그리 어렵지 않게 가늠할 수 있습니다. 예를 들어 대학 평가에 대한 대학들의 반응을 잘 살펴보면 경쟁과 평가가 폐부 깊숙이 파고든 우리 사회에서 이 대학 평가의 위상을 짐작할 수 있는 것이죠. 2010년 10월 국내 대학 총장들은 한 세미나에서 성명을 발표했는데요, 거기서 이들은 "대학 평가가 대학의 특성화 및 차별화를 저해함으로써 대학 경쟁력 강화는 물론 대하 교육의 질 개선에도 도움이 되지 않는다"고 했습니다. 또한 같은 해 9월에는 서울 소재 8개 사립대학 교수협의회가 같은 취지의 성명을 발표했습니다.[52] 평가의 공정성, 타당성 등에 불만의 목소리가 높았습니다. 총장들과 교수들이 이런 행동을 한다는 것 자체가 얼마만큼 대학들이 이 평가에 신경을 쓰고 있는가를 보여줍니다. 불만은 많지만 대학들은 울며 겨자 먹기로 대학 평가에서 점수를 높이기 위해 젖 먹던 힘까지 쏟아 붓고 있습니다.

"대학 평가가 대학에 미치는 중압감은 어느 정도일까. 이상의 연세대 기획실 평가팀장은 '대학에 평가팀이 상시조직으로 구성돼 있다는 것만 봐도 알 수 있지 않느냐'고 말했다. '기획평가팀' 또는 '평가팀'이라는 이름의 평가 전담 조직이 없더라도 각 대학 기획처가 평가 업무를 담당한다."[53]

각종 대학 평가가 정부 지원에 영향을 미치는 만큼 대학들은 더욱 민감할 수밖에 없습니다.[54]

결국 사회의 근간이 되는 젊은 학생들의 잠재력을 계발하는 것이 주요 책임인 대학에서 드는 공에 비해 보잘것없이 작은 득이 되는 것을 위해 많은 시간과 돈을 낭비하고 있는 셈입니다. 그리고 그마저도 정당한 이유가 있는 것도 아니죠. 경쟁에서 살아남기 위해 잘못된 잣대에 대학 스스로를 꿰어맞추는 노력의 일부일 뿐입니다. 어찌 보면 참 어처구니없는 일입니다. 자신의 고유한 능력을 다 포기하다시피 하고 대학입시평가라는 잣대에 자신을 꿰어맞춰 온 학생들이 정작 대학에 들어와도 그 대학이라는 곳이 남의 잣대에 허우적대고 있는 것을 보아야 하니까요. 이성의 전당이어야만 하는 대학에서 활활 타오르고 있는 영어의 광기는 그래서 더욱 슬픈 우리의 자화상인 것입니다.

2부

영어 광기의 수혜자들

영어 광풍의 수혜자들, 영어산업

04

영어산업의 성장과 영어 광기의 상관관계

우리 사회에서 영어를 향한 광기 어린 질주는 대학의 이성마저 흐릴 정도까지 되었습니다. 앞 장에서 살펴본 바와 같이, 우리말로 해도 힘든 대학 수준의 공부를 영어로 강의하고 공부해도 될 것이라는 발상 자체가 우리 사회가 얼마나 영어에 미쳐 있는가를 보여줍니다.

하지만 이런 광기는 날이 지나면 차오르는 달처럼 그냥 무심코 심해진 것이 아닙니다. 많은 사람들이 영어의 태풍 속에서 살아남고자 발버둥을 치고 있노라면 누군가는 그 파도를 타고 이득을 봅니다. 이들은 이 사회의 영어 광풍이 반갑고 고맙겠지요. 당연히 이들은 이 태풍을 잠재울 아무런 이유가 없는 것이죠. 오히려 광기를 더욱 부채질해서 자신의 이익을 극대화하고 싶을 테죠. 이들은 누구일까요? 어떻게 이득을 얻고 있는 것일까요?[1]

가장 직접적인 수혜자로는 영어산업을 운영하고 있는 기업들을 꼽을 수 있습니다. 이 기업들은 아주 크고 구체적인 이득을 보고 있습니다. 그들로서는 우리의 영어에 대한 집착이 곧바로 금전적인 수익으로 이어집니다. 그러니 우리 사회에서 늘어만 가는 영어에 대한 갈증이 영어산업의 성장으로 이어지는 것은 전혀 이상한 일이 아니죠.

1990년대 초반만 하더라도 커다란 기업형 영어 학원은 종로에 모여 있었습니다. 이른 아침이면 학교나 회사에 가기 전 학원에 들러 영어공부를 하려는 젊은이들로 종로2가에서 3가로 이어지는 길이 꽉 차곤 했습니다. 그래도 그렇게 큰 학원은 몇 안 됐고 지금에 비하면 규모도 작았습니다. 제 기억에는 가장 유명하고 컸던 한 종로의 학원도 당시에는 건물이 하나였고, 건물의 일부 층만 학원일 뿐이었습니다. 그래도 그 학원에 들어갔을 때 그 규모에 상당히 놀랐던 기억이 납니다.

하지만 요즘 이런 규모의 영어 학원은 참 소박하게 보입니다.

2007년까지 대치동, 목동, 중계동 등 3곳에 분원을 두고 있던 초중학생 대상의 한 영어 학원은 2008년 분당, 일산, 죽전, 영통 등 4개 분원을 추가한 데 이어 2009년에는 평촌, 대전 등 6개를 더 개원해 전국화한다는 구상을 갖고 커나가고 있습니다.[2] 이런 식으로 한 영어 학원이 전국에 문을 여는 대기업으로 성장하는 것은 이제는 드문 일이 아니죠. 1960년대에 '시사영어사'로 출발한 YBM어학원은 사전을 편찬하는 한편 종로구 관철동에서 영어 학원을 시작했습니다. 이 학원은 1990년대까지만 해도 서울 시내 대학생들에게 인기가 높아서 많은 학생들이 버스와 전철을 타고 종로를 찾았습니다. 이제는 전국에 체인점을 둔 거대한 기업으로 발전한 이 학원은 종로에만 몇 개의 학원이 있고, 강남, 역삼, 구로, 신촌, 영등포, 분당, 부평, 주안, 대전, 대구, 부산 등지에 문을 열었습니다. 뿐만 아니라 캐나다의 밴쿠버와 토론토에도 지점이 있습니다.[3] 옛날의 학원을 기억하는 저로서는 놀라지 않을 수 없는 성장입니다.

이렇게 영어 학원 장사가 대규모 산업이 된 데는 후발 주자들의 공이 컸습니다. 1998년 문을 열어 이제는 업계 최강자가 된 청담어학원은 2011년 현재 전국에 87개의 학원이 있습니다. 서울에만 25개, 경기-인천에 28개가 있고요, 전국에 지점이 없는 도가 없습니다.[4] 자회사인 에이프릴어학원까지 합치면 2010년 말 현재

144개의 지점이 전국에 퍼져 있습니다. 이들 학원은 청담러닝이라는 회사가 운영하고 있는데요, 청담러닝의 매출액이 2006년 460억 원이었던 것이 2008년에는 800억 원이 넘더니[5] 급기야 2009년에는 1,000억 원을 돌파했습니다.[6] 영업이익의 규모도 놀랍습니다. 2007년에 이미 영업이익이 100억 원을 돌파했고 이후 꾸준한 이익을 내고 있습니다. 이만하면 영어 학원이라고 우습게 볼 일이 아니죠. 아, 물론 이익은커녕 커다란 손실을 보는 대기업을 생각해보면 이게 정말 장난이 아닙니다(2011년 현대상선의 영업 손실 241억 원, 2010년 LG전자 영업 손실 1조 1,000억 원).

이런 매출과 이익의 증가는 폭발적으로 증가한 학원생 숫자 덕택이었습니다. 학원생 수는 2007년에 30%가 증가하고 그 다음해에는 40%나 늘었습니다. 학원생 수가 3년 만에 두 배로 는 셈이죠. 급기야 2009년에는 그 숫자가 6만 명을 넘어섰습니다.[7] 2008년에 코스닥 시장에 상장이 되었고, 2010년에는 SK텔레콤과 스마트폰용 영어 프로그램도 출시했습니다. 청담러닝을 비롯한 거대 학원들은 우리 사회의 과격한 영어 열기의 최대 수혜자라고 해도 과언이 아닌 듯싶습니다.

거대 기업이 되어버린 영어 학원

영어 학원이 기업화된 것은 영어 학원 사업 전체가 눈부신 성장을 하고 있는 우리 사회의 한 단면일 뿐이죠. 일단 눈을 들어 주위의 상가 건물을 한번 쑥 둘러보시죠. 영어 학원이 보입니까? 몇 개나 보이나요? 조금 나이 드신 분들은 기억하시겠지만 예전에는 대부분 당구장, 오락실, 기원, 볼링장이었습니다. 이제 그 자리를 학원, 특히 영어 학원이 차지하고 있습니다.

실제로 자료를 보더라도 학원의 성장은 그저 주변 동네만의 일이 아닙니다. 영어 교육을 포함한 교육 서비스업은 서비스 업계의 공룡이 된 지 오래됐습니다. 2006년부터 2009년까지의 통계청 자료를 보면 이 산업은 도소매업을 제외한 전체 서비스 업종 사업체 중 약 17%를 차지하고 이에 종사하는 사람들도 10% 이상을 차지하고 있습니다.[8] 도소매업을 빼고 나면 학원산업은 서비스 업계의 최대 산업인 셈입니다. 2006년에는 12만 7,486개의 교육 서비스 관련 사업체가 있었고 여기에서 약 46만 명이 종사했습니다. 그러던 것이 2009년에 이르러서는 사업체 수는 14만 1,525개로 늘어났고 51만 명이 넘게 일하는 산업으로 커졌습니다. 물론 이 교육 서비스 내에서 외국어 학원(영어 학원이 다수죠)의

표 4-1 | 전국 학원 통계(2003~2009)

연도	2003	2004	2005	2006	2007	2008	2009
일반 학원(개)	89,205	89,994	87,424	97,044	105,692	116,352	123,064
외국어 학원(개)	6,689	7,299	8,063	10,315	13,078	15,475	17,053
외국어 학원의 비율(%)	7.5	8.1	9.2	10.6	12.4	13.3	13.9
총 학원 증가율(%)		0.9	-2.9	11.0	9.0	10.1	5.8
외국어 학원 증가율(%)		9.1	10.5	28.0	26.8	18.3	10.2

출처: 통계청(http://kostat.go.kr/portal/korea/index.action)

위상은 엄청납니다.

〈표 4-1〉은 학원과 관련된 통계청 자료를 정리해놓은 것입니다. 이 자료에 따르면 2003년에 약 8만 9,000개의 일반 학원들이 있었는데 그 수는 2005년에 줄었다가 2006년에 9만 7,000여 개로 큰 증가를 보이고 2009년이 돼서는 그 수가 12만 개가 넘었습니다. 이 중 외국어 학원은 2003년에는 그 수가 7,000개가 좀 안 되던 것이 2009년이 돼서는 1만 7,000개가 넘었습니다. 6년 만에 1만 개가 더 생긴 것입니다. 두 배가 훨씬 넘게 는 것이죠.

외국어 학원은 절대적인 숫자의 증가뿐 아니라 학원들 중 그 비율도 점점 높아져갑니다. 2003년 전체 학원에서 외국어 학원이 차지하는 비율이 약 7.5%였던 것이 2006년에는 10%를 넘고 2009년에는 거의 14%까지 늘었습니다. 학원들 중 외국어 학원이 점점 더 많아진 셈입니다.

더욱 흥미로운 것은 학원의 증가율입니다. 2003에서 2004년 사이 학원 수의 증가는 불과 0.9%로 미미한 수준인 반면 외국어 학원은 9%의 성장을 보였죠. 2004~2005년 전체 학원의 숫자는 2.9% 줄어든 반면 외국어 학원은 10%나 늘었습니다. 이후 외국어 학원의 수는 계속 늘어 그 증가율은 전체 학원의 증가세를 대체로 두 배 넘게 앞서고 있습니다. 학원들의 증가가 폭발적이라면 외국어 학원의 증가는 핵 폭발적이라고 하면 좀 과장이겠지만 그렇다고 말도 안 되는 소리는 아닐 것입니다.[9]

눈덩이처럼 커가는 영어시장에 외국자본들도 이미 투자를 시작했습니다. 소프트뱅크 벤처스는 전국 142개 지점을 보유한 확인영어사에 거액(10억~900억 원)을 투자했고, 글로벌 자산운용사인 AIG그룹은 2007년 초중등 영어 학원인 아발론교육에 620억 원을 투자했습니다. 스카이레이크 인큐베스트도 청담어학원이 모태인 CDI홀딩스에 투자하여 2008년에 있었던 주식 상장을 통해 큰 시세 차익을 챙겼습니다. 메가스터디는 2008년 7월 24일 현재 외국인 투자 비율이 50.8%에 달합니다. 웅진씽크빅, 대교, YBM시사닷컴 등도 외국인 지분율이 각각 41.86%, 23.37%, 21.79%에 달합니다.[10] 우리의 영어병이 외국 투자자들의 지갑까지 두둑하게 해주고 있는 셈입니다.

학생, 직장인에서 어린아이까지, 영어 교재 시장

영어 학원과 더불어 영어 교재 출판은 영어산업의 또 하나의 기둥입니다. 지난 한두 해만 생각해보세요. 영어 교재를 몇 권이나 구입하셨나요? 대형 서점을 가봐도 영어 교재는 코너가 따로 있고 이 책 저 책을 살피는 사람들로 북적댑니다. 많은 사람들이 찾는 만큼 이 교재를 만드는 업체 또한 영어 광풍의 주요 수혜자일 것입니다.

영어 교재가 얼마만큼 팔리고 있는지 정확한 숫자는 찾기 힘들지만 〈표 4-2〉를 보면 대충 가늠은 할 수 있습니다. 이 표는 2007년부터 2010년까지의 신간 발행 부수를 보여주고 있습니다. 이 자료에 따르면 어학 관련 신간 서적은 총 신간 서적의 4%가 채 안 됩니다. 하지만 신간들의 발행 증가율을 살펴보면 흥미로운 사실

표 4-2 | 신간 발행 부수(2007~2010)

연도	신간총계	어학	어학 점유율	총 증감률	어학 증감률
2007	132,503,119	3,581,105	2.7%		
2008	106,515,675	4,048,329	3.8%	−19.6%	13.0%
2009	106,214,701	3,590,778	3.4%	−0.3%	−11.3%
2010	106,309,626	4,337,766	4.1%	0.1%	20.8%

출처: 대한출판문화협회

을 알 수 있습니다. 표 오른쪽에서 두 번째 열을 보면 신간 발행 부수가 계속 감소하고 있음을 알 수 있습니다. 2008년에는 2007년에 비해 신간 발행 부수가 거의 20%나 떨어졌습니다. 2009년에는 다시 0.3%가 줄었고 2010년에 와서야 이 추락이 멈춘 듯해 보여도 성장은 지지부진합니다.

그러나 어학 관련 도서는 완전히 딴판입니다. 맨 오른쪽 열을 보세요. 어학 관련 도서는 2008년에 오히려 발행 부수가 크게 늘었고 2010년에도 20%나 늘었습니다. 신간 도서의 증가가 둔화되는 등 도서시장이 위축되었음에도 어학 관련 분야는 오히려 활성화되고 있는 것이죠. 실제로 2007년 전체 신간의 2.7%에 달하던 어학 신간 부수는 2010년에는 거의 두 배로 그 점유율이 높아집니다. 그런데 대형 서점을 가보신 분들이라면 쉽게 짐작할 수 있듯 어학 관련 도서에서 가장 눈에 띄는 것은 단연 영어 관련 서적들입니다. 영어 교재가 장사가 된다는 것을 간접적으로 보여주는 증거라 할 수 있습니다.

한 대형 서점만의 통계라 좀 단편적이라는 아쉬움이 있기는 하지만 교보문고의 2009년 분석을 보면 좀 더 구체적으로, 그리고 직접적으로 영어 교재의 인기가 어떠한지 가늠해볼 수 있습니다.[11] 이 분석에 따르면 교보문고의 외국어 관련 서적(대부분이 영어)의 판매액이 2008년에는 20.1%가 늘었고 다음해에는 2.9%가 늘었습니다. 어린이 영어 관련 서적 또한 2008년에 판매액이 14.5% 늘었고 2009년에는 3.7% 성장했습니다. 이 둘은 2009년 교보문고 전체 판매액의 10.5%를 차지했습니다. 실제로 그해 가장 큰 판매액을 올린 중고등 학습지가 전체의 10.7%, 소설은 8.2%인 것을 고려하면 놀라운 일입니다. 사람들이 소설책을 사는 데 쓰는 돈보다 영어 서적을 사는 데 쓴 돈이 훨씬 더 많은 것이죠.

2009년 베스트셀러 목록을 봐도 영어 학습 서적이 여기저기 눈에 띕니다. 1위는 2011년 미국에서도 번역되어 돌풍을 일으킨 《엄마를 부탁해》가 차지했습니다. 그 밑으로 쭉 보면 7위에 《해커스 토익 READING》이 올라와 있습니다. 영어 학습지의 위상을 알려줍니다. 스테디셀러 목록을 보면 더욱 놀랍습니다. '해커스 토익 시리즈'가 교보문고 스테디셀러 1, 2위에 올라와 있으니까요. 종합 100위를 보아도 외국어 관련 서적이 2008년에는 6개, 2009년에는 7개(대부분 영어 관련 서적입니다)[12], 그리고 토익, 토플 서적이 2008년에는 11개, 2009년에는 10개[13]가 올라와 있습니다.

한 교육업계 분석에 따르면 중고등학교 영어 교재 시장은 2007년 5,474억 원 규모로 추정됩니다.[14] 비유와상징, 디딤돌, 좋은책 같은 회사들은 10% 이상의 영업이익률을 기록하는 등 꾸준하게 성장하고 있습니다. 앞에서 살펴본 청담러닝의 경우를 봐도 영어 교재 산업이 학원산업과 완전히 동떨어져 있는 것은 아니라는 것을 알 수 있습니다. 〈표 4-3〉을 보면 2006년부터 2008년까지의 청담러닝 매출에서 교재 판매는 이 회사 총매출의 16~17% 내외로 중요한 부분을 차지해왔음을 알 수 있습니다. 그 판매 또한 매해 30% 안팎으로 꾸준히 늘어왔습니다.[15] 2006년 460억 원의 총매출액 중 교재 판매는 75억 원으로 약 16%를 차지했습니다. 그러던 것이 2008년에는 145억 원으로 늘어 총매출액 830억 원의 17.4%를 차지했고 2011년에는 271억 원으로 늘어 2,000억 원에 가까운 매출액의 약 14%를 차지할 것으로 예상되고 있습니다.

앞서 살펴본 바와 같이 중고생 교재와 성인들의 토플, 토익 준비서가 영어 출판업에서 큰 비중을 차지합니다. 하지만 기업들은 이익의 극대화를 위해 발전과 진화를 계속하고 있습니다. 좋게 말하면 새로운 시장의 개척이겠지요. 그 중 가장 눈에 띄는 것은 유

표 4-3 | 청담러닝의 매출

	2006	2007	2008	2009*	2010E*	2011*
총매출액(억 원)	460	629	830	1155	1,519	1,954
교재 판매(억 원)	75	101	145	182	222	271
총매출액에서의 비중(%)	16.3	16.1	17.4	15.7	14.6	13.9
전년 대비 증가율(%)		34.6	43.5	25.7	22.1	21.9

출처: 김보영, 심혜정, "기업분석: 청담러닝", 삼성증권
* 추정

아용 영어 교재 시장입니다. 그 규모도 규모지만 교재의 형태도 책과 인터넷의 결합 등으로 여느 어른 교재 못지않게 발전하고 있습니다. 교육업계의 한 자료에 따르면 2007년 국내 영어 교육 시장은 8,000억 원이고 이 중 유아용 영어 교재 시장 규모는 약 150억 원쯤 된다고 합니다. 유아용 영어 교재 시장은 5~8개 업체들이 경쟁을 벌이고 있는데 주요 업체의 2007년 매출액을 보면 다음과 같습니다.

- 엘림에듀 '브라운 잉글리쉬': 40억 원
- 참좋은교육 '뮤지컬 잉글리쉬': 30억 원
- 삼성출판사 '이킬로와트e-kilowatt': 23억 원
- 행복한교육 '캔캔영어' : 20억 원.[16]

이렇게 보면 영어 교재 시장은 학생용 영어 교재와 토익과 토플로 대표되는 성인용 영어 교재에 유아용 교재까지 더해져서 이제 거의 모든 세대를 아우르는 완벽한 진용을 갖춘 셈이죠. 이제 누구도 맞는 교재가 없어서 영어공부를 못한다는 핑계는 없어진 셈입니다. 이는 영어 교재 출판이 영어산업의 큰 축으로 성장한 것을 보여줍니다.

영어 광풍에 휘청하는 살림살이

영어 학원과 영어 관련 서적 시장만 간단히 둘러보았지만 영어 산업은 이게 다가 아닐 테죠. 입시학원의 영어 수업도 있고, 다양한 형태의 개인 교습도 있고, 영어권 언어연수를 주선하는 여행사, 유학원 등 다양한 업체가 존재합니다. 그럼 이 영어산업이라는 것이 도대체 얼마나 큰 규모일까요? 영어산업이라는 둘레가 애매해서 정확히 통계를 내는 것이 어렵겠지만 흔히들 이야기하는 영어 사교육비를 조사한 자료를 보죠.

어린 학생이나 학부모, 어느 누구나 점점 늘어가는 영어 사교육비에 대한 걱정과 불만을 이야기합니다. 그도 그럴 것이 어마어마한 돈이 영어 사교육을 위해 쓰이고 있습니다.[17] 2009년 증권업계가 추정하는 (유학과 연수비용을 제외한 국내에서만의) 영어 사교육 시장 규모는 약 15조 원이었습니다. 이는 그해 정부 교육예산(38조 7,000억 원)의 40%에 달하는 어마어마한 규모의 돈입니다.[18] 정부의 공식 통계를 보아도 사교육에 20조 원이 넘은 돈이 쓰였고, 이 중 영어 사교육비는 6조 9,720억 원으로 전체 사교육비의 3분의 1을 차지했습니다. 대충 어림잡아 7조 원입니다.

정부가 말하는 7조 원이나 증권가에서 말하는 15조 원, 어느 쪽

표 4-4 | 7조 원의 크기

7조 원 비교	15 조원 비교
대부업체를 통한 2010년 대출 금액	2011년 국내 짝퉁 명품 시장
정부의 2009년 초과 징수액	LG의 2010년 총투자액
부산시 2009년 예산	서울시 2010년 예산
미 차세대 전투가 F-35B 약 58대 값[19]	미 차세대 전투가 F-35B 약 124대 값
현대자동차 소타나 35만 대 값	현대자동차 소타나 75만 대 값
약 100만 명의 전국 평균 등록금(2010년)	약 214만 명의 전국 평균 등록금(2010년)
농심 신라면 23억 개 값	농심 신라면 49억 개 값

이 맞건 간에 어마어마한 돈이라는 데는 별 차이가 없습니다. 사실 그 수치가 너무 커서 7조 원이나 15조 원이라는 돈이 얼마만큼 큰돈인지 실감이 나지 않습니다. 그러시면 〈표 4-4〉 목록을 한번 보시죠.

15조 원. 각 가정에서 한 푼 두 푼 쓴 영어 사교육비가 국내 짝퉁 명품 시장 전체와 맞먹는 크기인 것입니다. LG의 2010년 총투자액과 비슷한 크기이자 서울시 예산과도 맞먹는 크기입니다. 15조 원이면 100대가 넘는 최신 전투기, 소나타 75만 대, 신라면 49억 개를 살 수 있습니다. 214만 명의 대학생 등록금을 낼 수도 있는 돈입니다.

정부 수치인 7조 원이건 업계의 추정치인 15조 원이건 어느 수치를 보더라도 엄청난 양의 돈이 영어산업으로 흘러 들어가고 있는 것을 알 수 있습니다. 물론 이 돈은 앞에서 간단히 살펴본 바와 같이 많은 기업들의 매출과 영업이익으로 직결되고 있습니다. 우리 사회의 영어 광기가 이 산업의 밥이자 국이고 빵이자 버터인 것입니다. 하지만 이는 한국 사회 구성원이라 할 수 있는 소비자들의 입장에서 보면 커다란 멍에이자 굴레이기도 합니다. 어떻게, 얼마나 사교육비를 쓰는지 한 학생의 사례를 볼까요?[20]

(2009년) 연세대에 입학한 박모(20)양의 경우 초등학교 때부터 대입 전까지 사교육비에 총 1억 58만 원이 들었다. 어머니 김모(49·고교 교사)씨는 "본인이 꼭 필요하다고 느낀 과외와 학원 수강만 했을 뿐 고액 과외는 한 번도 한 적이 없다"고 강조했다.

박양은 전체 사교육비 가운데 절반을 넘는 5,150만 원을 고등학교 때 썼다. 1학년 1학기를 마친 뒤 1년간의 미국 고등학교 교환학생 비용 1,500만 원(생활비 제외)이 포함된 액수지만, 김씨는 "한국에 있었어도 사교육비는 비슷하게 들었을 것"이라고 설명했다. 실제 미국에서 돌아온 뒤 1학년 2학기부터 3학년 말까지 든 수학 과외비가 1,360만 원, 고교 시절 내내 다닌 논술학원 수강료는 1,190만 원이었다. 어학연수 후 영어 사교육비는 들지 않았다.

중학교 3년간 든 사교육비는 3,576만 원. 수학 성적이 부진해 1학년 2학기부터 시작한 과외에만 월 40만 원씩 30개월 동안 1,200만 원을 썼다. 1, 2학년 때 국어, 영어, 수학, 과학 등 주요 과목을 가르치는 종합학원 수강료가 660만 원, 특목고 입시 준비를 위해 다닌 논술 학원비는 840만 원이었다. 영어 학원비는 2학년 초부터 24개월 동안 720만 원을 썼다. 초등학교 때부터 월 13만 원 하는 영어 학원을 다녔는데 문법, 읽기, 쓰기, 말하기 등 분야별 심화학습이 어렵다고 판단, '학원 갈아타기'를 한 탓이다.

초등학교 때 사교육비도 1,000만 원을 훌쩍 넘었다. 1학년부터 중학교 입학 전까지 영어 학원비 780만 원, 6학년 초부터 다닌 학원 종합반 수강료 360만 원, 집으로 배달하는 학습지 구독료 192만 원 등 총 1,332만 원이 사교육비로 지출됐다. 어머니 김씨는 "영어유치원도 보내지 못했는데 남들 다 다니는 영어 학원만큼은 보내야 했다"고 말했다.

박양의 부모가 사교육에 들인 돈이 1억 58만 원에 이릅니다. 이 중 영어에만 들은 돈이 미국 교환학생 비용까지 포함해서 3,100만 원가량 됩니다. 물론 박양의 경우에는 보통 학생보다 많은 돈을 쓴 축에 속할 테지만 몇 천만 원 드는 것은 그렇게 특이한 일이 아닌 듯합니다. 좀 더 전체적인 그림을 그리기 위해 다른 자료를 한 번 더 살펴보죠.

〈표 4-5〉에 나타나 있듯 통계청의 최근 자료를 보면 우리나라는 가구 당 월 평균 24만 원 가까운 돈이 사교육비로 쓰이고 있습

표 4-5 | 가구의 월 평균 사교육비(단위: 만원)

	총사교육비	영어 사교육비	영어 지출 비율	12년간 총 사교육비*	12년간 영어 총 사교육비*
2007	22.2	6.8	30.6%	3,196.8	979.2
2008	23.3	7.6	32.6%	3,355.2	1094.4
2009	24.2	8	33.1%	3,484.8	1152
2010	24	8	33.3%	3,456	1152

출처: 통계청

* 추정치 = 통계청수치x 12(개월) x 12(년)

니다. 2007년에는 22만 원 정도이던 것이 2010년에는 24만 원으로 늘었고 영어는 그 중 가장 큰 몫을 차지합니다. 2007년에는 월 평균 6만 8,000원이 쓰여서 총 사교육비의 30%를 차지했고 이것이 2010년에는 8만 원(33%)으로 비중이 다소 증가했음을 알 수 있습니다. 앞서 박양의 사례와 비교하기 위해 이 평균치를 바탕으로 12년간 얼마나 많은 돈이 사교육에 쓰였는가를 가늠해보면 3,400만 원가량 들어가는 것을 알 수 있습니다. 이 중 1,100만 원가량이 영어 사교육비로 들어갑니다. 박양네 부모가 3,100만 원가량 쓴 것과 비교하면 작지만 이것이 평균이라는 점을 생각하면 결코 작은 양의 돈이 아닙니다. 그럼 이 자료를 좀 더 자세히 들여다볼까요?

〈표 4-6〉을 보면 2010년 가구별 월 평균 사교육비가 월 평균 소득별로 나누어져 있습니다. 전체 월 평균 사교육비 지출은 물론 〈표 4-5〉에서 본 바와 같이 24만 원입니다. 하지만 월 평균 소득

표 4-6 | 가구의 월 평균 소득별 월 평균 사교육비(단위: 만원)

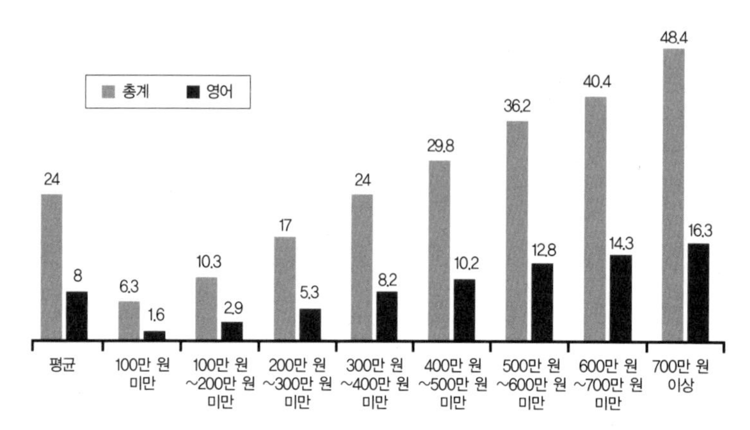

출처: 통계청

이 100만 원 미만인 가정은 매달 6만 3,000원을 사교육에 쓰고 있습니다. 하지만 월 소득이 700만 원 넘어가는 가정에서는 48만 4,000원을 쓰고 있죠. 영어만 보면 월 소득 100만 원 이하 가정은 1만 6,000원을, 700만 원 이상인 가정은 16만 3,000원을 쓰고 있습니다. 영어에 대한 지출은 상대적으로 고소득층에서 더 높습니다. 100만 원 이하 가정처럼 1만 6,000원이면 총 사교육비 지출 6만 3,000원의 약 25%이고, 반대로 월 소득 700만 원 이상 가정의 16만 3,000원은 총 사교육비의 34% 정도가 됩니다.

이렇게 쓰이는 사교육비가 12년간 쌓이면 얼마만큼 될까요? 월 소득 100만 원 이하 가정에선 총 사교육비로 900만 원, 영어에만

230만 원이 나갑니다. 이에 반해 월 소득 700만 원 이상 가정은 총 사교육비로 7,000만 원, 그 중 영어에 2,300만 원을 쓰는 셈입니다. 정말 적지 않은 돈입니다. 물론 이 자료는 대학 입학 전 학생이 있는 가정만을 조사한 것이기 때문에 대학생들과 일반 직장인들의 영어 소비는 제외된 수치입니다. 이것까지 포함한다면 훨씬 더 많은 가계 수입이 영어를 위해 지출되고 있다는 것을 짐작할 수 있습니다. 이러한 지출이 가계에 어떤 부담을 주는지 단편적인 이야기들을 들어보죠.

> 학원들이 대부분 종합학원 형태로, 영어 전문학원이 거의 없는 전남 나주시. 이곳 N초등학교에서는 지난해 하반기에 전체 200명이 채 안 되는 5, 6학년 가운데 20명 이상이 광주로 한꺼번에 전학했다. 학부모 김모(44·여)씨는 "정부가 워낙 영어를 강조하다보니, 영어 학원을 보내려고 옮긴 경우가 대부분"이라며 "할머니와 광주에 방을 얻어 살거나, 광주 친척집에서 학교에 다니기도 한다"고 말했다.[21]

> 방학을 이용한 영어 캠프도 초만원이다. 한 사교육 업체가 초중생들을 대상으로 충남 조치원의 고려대 세종캠퍼스에서 개최하는 영어 캠프는 작년 초 8개 반이었는데, 올 초엔 경북 영주, 경남 마

산 등 지방 학생들이 대거 몰리며 18개 반으로 늘었다. 2주일짜리 수강료가 178만 원, 3주일은 253만 원으로 고가인데도, 신청자가 줄을 이었다.[22]

송파구 거여동에서 온 김모(44·여)씨는 지난달부터 식구들 몰래 가사도우미 일을 시작했다. "작년부터 남편이 하는 인테리어 사업이 어려워졌어요. 그동안 저축해둔 돈으로 근근이 버텨왔는데, 올해 고3이 된 딸아이 학원비, 과외비 월 70만 원은 도저히 감당할 수 없었어요." 이날도 3만 원 받고 4시간 오전 일을 했는데, 일하다 손톱이 부러진 것도 나중에 알았다고 했다. 점심도 대충 때우고 또 오후 일거리를 잡으러 소개소에 들른 그는 "공부를 더 하고 싶다는 딸에게 차마 힘든 내색을 할 수 없다"며 한숨을 내쉬었다.[23]

고2, 중3 두 아들을 둔 박모(38·여·경기 부천시)씨. 작은 식당을 운영하는 남편이 한 달에 250만~300만 원 정도 벌어오지만 학원비를 대기에는 턱없이 부족하다. 아이 당 학원 종합반 수강료 70만 원에 교재비 10만 원 등을 모두 합하면 월 170만 원. 식당과 간병일을 주로 해온 박씨는 요즘 벌이가 더 좋다는 골프장 캐디 자리를 알아보고 있다.[24]

한국어를 모국으로 쓰는 나라에서 영어를 위해 이렇게 많은 희생이 이루어지고 있는 모습은 극히 비정상적입니다. 이러한 모습이 사회 일부가 아닌 사회 전체에 퍼져 있음을 생각해본다면 우리 사회가 과연 정상적인, 건강한 사회인가 의문을 갖지 않을 수 없습니다. 우리 사회의 영어에 대한 광적인 갈증은 이렇듯 가정의 사회적, 경제적 부담으로 다가옵니다. 그리고 이러한 부담은 다름 아닌 영어산업계의 성장과 매출이익으로 직결됩니다. 영어 학원의 대형화, 외국자본의 진출이 이루어지고 그럴수록 영어 상품은 고급화되고 더 많은 소비를 부추길 것이 뻔합니다. 결국 가정의 경제적 부담은 더욱 커져만 가겠죠. 영어를 머리 위에 모시고 사는 꼴이 되기 쉽습니다. 아니 어쩌면 그런 날이 이미 와 있는지도 모르겠습니다.

영어 광기의 수혜자들과 그들이 얻는 이익은 여기서 살펴본 바와 같이 잘 드러나는 몇몇 산업의 성장에 그치는 것이 아닙니다. 그럼 그들은 누구일까요? 눈에 잘 띄지 않는 이들에 대한 명확한 인식 없이는 이 영어 광풍을 잠재우는 해법을 찾는 것은 불완전할 수밖에 없지요. 그러므로 다음 장에서는 잘 드러나지 않는 영어 광기의 또 다른 수혜자의 모습을 살펴보겠습니다.

한국인은 봉, 커져가는 영어 시험 산업

토익과 토플은 누가 주관하는가

대학생들에게 국한된 이야기이긴 합니다만 1990년대 초반만 하더라도 대학을 입학하고 나면 영어는 완전히 태평양 건너 일이었습니다. 영어공부를 하는 학생들이 있기는 했지만 아주 제한적이었습니다. 얼핏 나는 기억으로는 대학에 미국 유명 주간지인 《타임》지나 《뉴스위크》를 읽는 동아리가 있었습니다. 저도 한번 들어볼까 생각해본 적도 있었지만 대신 제가 선택한 곳은 땀 흘리며 뛰어다니는 동아리였습니다. 학교 교정을 오며가며 보았던

대자보 판에 붙어 있던 토플 광고지도 기억이 납니다. 그때만 해도 토플이 무엇인지도 몰랐고 관심도 없이 몇 년을 보냈죠. 저뿐만이 아니었다고 생각합니다. 그렇게 몇 년을 보내고 군대를 갔다 온 뒤 졸업이 코앞에 다가오고 나서야 취업 준비를 하며, 또는 소수의 학생들은 유학이다 뭐다 하며 영어공부를 시작했습니다. 그제야 다들 토플이나 토익 책을 사고 학원을 다니곤 했죠. (토플과 토익의 차이는 그때 알았습니다.) 물론 지금과는 사뭇 다른 풍경일 테지요.

제가 난생처음 토플 시험을 칠 때가 기억나는군요. 그곳에서 일하는 사람들이 너무 불친절해서 깜짝 놀랐습니다. 어느 한 사람만이 아니고 접수 창구에서부터 시험 감독하는 사람까지 하나같이 응시생들을 무슨 하인 취급하듯 해서 화도 나고 의아했습니다. 내 돈 내고 시험을 보는데, 저 사람들 월급도 내가 낸 돈에서 나올 텐데 왜 저런가 싶었습니다. 괜히 위축된 마음에서였겠지만, 그곳 직원들도 자신들이 미국 사람인 양 우쭐해서 그런 것은 아닐까 하는 생각이 들더군요. 기분이 나빴지만 시험을 보느라 정신이 없어서 이런 상황들을 깊이 따져보지 못했습니다. 그때 미처 생각하지 못했던 것은 얼마나 많은 사람들이 이 시험을 쳤으며, 얼마나 많은 돈이 누구에게 흘러가는가 하는 것이었죠.

이제는 한국 사정이 많이 달라졌습니다. 영어는 학교에 들어가지 않은 아이들도 해야 하는 큰 숙제가 되었고 그 숙제를 확인하는 평가도 다양해졌습니다. 아직도 토플과 토익은 중요한 시험이지만 예전처럼 읽기와 문법이 주가 되고 듣기평가가 곁들여지던 것과는 많이 다르죠. 말하기 시험도 볼 수 있고 쓰기도 추가되는 등 많은 변화가 있었습니다. 영어로 말하기만을 전문적으로 평가하는 시험도 이제는 보편화되었고 이러한 다양한 시험에 대한 수요가 늘어남에 따라 국내에서 개발한 시험도 많이 생겼습니다. 영어를 공부하는 사람들이 늘고 그 나이가 어려지니 평가에 대한 수요도 늘었습니다. 그런 만큼 당연히 영어를 평가하는 회사들은 더 많은 수익을 올리게 되겠지요. 이런 평가 기관들은 바로 우리의 영어 광기 덕택에 커다란 금전적 이득을 얻는 또 하나의 집단입니다. 하지만 이들 평가 기관은 길거리에 보이는 학원이나 서점에 있는 영어 교재와는 달리 눈에 잘 띄지 않는다는 특징이 있습니다. 그리고 전통적인 영어 평가 기관은 미국에 적을 두고 있습니다. 그럼 그들이 누구인지, 또 얼마나 이득을 챙겨가는지 간단히 살펴보겠습니다.

늘어가는 응시생, 쌓이는 돈더미

먼저 토플을 보죠. 토플TOEFL은 Test of English as a Foreign Language의 준말로 비영어권 학생이 대학 수업에 필요한 영어의 읽기, 쓰기, 듣기 그리고 말하기 능력을 갖추었는지 평가하는 시험입니다. 토플을 주관하는 Educational Testing Service(ETS)에 따르면 130여 개 나라의 8,000개가 넘는 대학에서 주로 입학 허용 여부를 가르는 데 쓰이고 있습니다.[25] 외국 학생들이 대학에 입학할 때 영어로 하는 수업을 잘 따라갈 수 있는지 살펴보고 입학 여부를 결정하기 위한 것이죠.

이 점수는 대학마다 좀 차이가 있습니다. 예를 들어 로스앤젤레스에 있는 캘리포니아대학UCLA에 들어가려면 종이 시험 점수로는 560점, 컴퓨터 시험 점수로는 220점, 인터넷 시험 점수로는 87이 최소 합격 점수입니다.[26] 이는 최소한의 점수이니 실제로 이 학교를 준비하는 학생이라면 훨씬 더 높은 점수를 목표로 공부해야 합니다. 물론 더욱 유명한 대학에선 기대치가 더 높지요. 사정이 이러다보니 유학을 준비하는 학생이라면 토플 시험을 몇 차례 치는 것이 보통입니다. 연습으로 한 번 그리고 나서 두어 번 더 봐서 원하는 점수에 가까이 가려는 것입니다. 한 번 시험을 보는 데

170달러가 드는데 환율에 따라 다르지만 1달러가 1,067원이라고 치면 약 18만 원 정도죠.[27] 세 번만 쳐도 거의 60만 원이 드는 셈입니다. 작지 않은 돈입니다. 과연 이 돈들은 다 어디로 갈까요?

토플은 미국의 English Testing Service라는 기관에서 만들고, 한국에서는 한미교육위원단에서 시행해왔습니다. 그러다 2007년부터 ETS의 자회사인 프로메트릭Prometric 사로 대부분의 업무가 이관되었습니다. 그러니 대부분의 수입은 ETS로 가는 셈입니다. ETS는 1947년 미국에서 설립된 비영리단체로 각종 시험을 개발해왔습니다. 토플뿐만 아니라 아래에서 이야기할 토익, 미국 대학원 입학시험인 GRE 등 한국에서 많은 사람들에게 익숙한 미국 시험들은 다 ETS에서 개발한 것입니다. 이렇게 자체에서 시험을 개발할 뿐만 아니라 각종 단체와 계약을 맺어 시험을 개발하기도 하고 연구 활동을 하기도 하는 단체입니다.

자, 그럼 토플은 과연 얼마나 많은 사람들이 볼까요? 전 세계에 미국에서 공부하려는 학생들이 많은 만큼 토플에 대한 수요는 클 수밖에 없습니다. 한 보도에 의하면 전 세계적으로 평균 한 해에 80만 명이 이 시험을 본다고 합니다.[28] 이렇게 전 세계적으로 보는 토플의 수험생 중 한국에서 시험을 보는 사람은 얼마나 될지 짐작이 가시나요? 2008년에는 전 세계 응시자 중에서 무려 15%가 넘는 12만 5,655명이 한국에서 이 시험을 치렀습니다.[29]

이렇게 많은 한국 학생들이 토플을 쳤으니 ETS가 한국에서 번 돈 또한 엄청날 테죠. 170달러를 12만 5,655명이 지불했다고 가정하면 예상 매출이 250억 원(21,361,350달러)에 달합니다.[30] 물론 매출이 회사의 순이익으로 직결되지는 않습니다. 한 사람이 시험 치는 데 이런저런 비용—종이, 감독관, 컴퓨터 모니터 등—이 들고 연구비, 세금 등 많은 돈을 지불해야 하기 때문입니다. 그렇다고 해도 역시 큰 매출이 아닐 수 없습니다. 여기서 한 가지 짚고 넘어갈 것은 ETS는 토플로 많은 매출을 기록하고도 한국에서 세금 한 푼 내지 않았습니다.[31] ETS의 입장에서 보면 한국 시장이 더더욱 중요할 수밖에 없겠죠.

ETS의 인기 있는 시험은 물론 토플뿐만이 아닙니다. 토익이야말로 사람들이 가장 많이 치는 ETS의 시험이죠. 토익TOEIC은 Test of English for International Communication의 준말로 미국 대학에서 공부하는 데 필요한 영어를 평가하는 토플과는 달리 비즈니스 영어가 중심입니다. 일본 업계에서 요청해 개발한 시험이죠. 한국에선 1982년 처음 실시되었고, 1984년에 지금은 LG그룹으로 불리는 럭키금성그룹이 대기업 중 최초로 신입사원 선발 시 토익 평가를 실시했습니다.[32] 이후 점점 인기를 더해 1990년대에는 이용하는 회사나 응시자 수가 크게 증가했습니다. 국내에서 영어 표준 평가 수단으로 널리 쓰이게 되면서 2001년 누적 응시자 수가

500만 명을 돌파했고, 2004년에는 사법시험 영어 과목에 토익이 쓰일 정도가 되었죠.[33] 그리고 그해 누적 응시자 수가 1,000만 명을 넘었습니다. 응시자의 수가 맨 처음 500만 명을 넘어서는 데는 거의 20년이 걸렸지만 그 다음 500만 명을 채우는 데는 불과 3년밖에 걸리지 않은 셈이니[34] 폭발적인 증가란 이런 것을 말하는 것이겠죠. 2006년에는 191만 명이 토익에 응시했고, 2008년에는 그 수가 약 250만 명으로 늘었습니다.[35]

이렇게 많은 사람이 토익 시험을 치르는데 그 금전적 수입도 적지 않겠죠. 토익의 시장 규모는 얼마나 될까요? 토익 관계자의 말을 빌려보겠습니다.

"전체 시장 규모에 대해 많이들 얘기합니다. 시험 운영에 대해서만 말씀드리면 응시료가 부가세 포함해서 2월까지 3만 4,000원이었습니다. 그래서 간단하게 180만 명을 곱하면 숫자가 나오지 않을까요?" (이동현 전무, 한국TOEIC위원회 대표)[36]

이 말은 2007년에 한 것이니 지금과는 사뭇 다르겠지만 일단 하라는 대로 해보겠습니다. 180만 곱하기 3만 4,000은 무려 612억입니다.[37] 토플에 비해 응시자의 수나 수입에서 비교도 되지 않는 엄청난 숫자입니다. 이 모든 매출이 고스란히 ETS의 손으로 가는 것은 아닙니다. 토플과 토익은 그 사업 구조에서 큰 차이가 있기 때문입니다.

토플의 경우에는 ETS가 북 치고 장구 치고 다 하는 반면, 토익은 ETS에서 북만 치고 장구는 한국 기업에서 쳐주고 있습니다. 즉 ETS는 시험 출제를 하지만 주관을 하는 것은 국내 유명 영어 관련 업체인 YBM입니다. YBM은 미국 교육계 최강자의 국내 에이전트와 같은 역할을 해주는 셈이죠. 물론 YBM의 주요 사업 분야는 영어 교육이죠. 하지만 토익 시험 자체도 YBM의 중요한 사업 분야입니다.

(주)와이비엠시사닷컴이 작성하여 금융감독원에 제출한 2007년 보고서에 따르면 시험 접수 사업이 2007년 1분기 회사 전체 매출의 15.8%를 차지했습니다. 여기서 나오는 이익도 전체 이익의 15.2%에 다다릅니다.[38] 토익을 중심으로 한 평가 산업이 YBM의 중요한 사업인 것을 잘 알 수 있습니다. 요즘처럼 빨리 변하는 사회에서 안전한 사업 아이템이라는 것이 별로 없습니다. 한때는 시장을 호령하던 품목도 당장 내일 어떻게 될지 알 수 없는 것이 요즘 경제이기 때문이죠. 하지만 토익의 수익 구조 상 그 중요성은 쉽게 사라질 것 같지 않습니다. 다른 영어 시험들의 등장 등으로 잠재적인 위험 요소가 없는 것은 아니고 그 때문에 토익이 예전만 같지 않다고 볼 수도 있겠죠.

그러나 국내에서 토익 응시자는 오히려 꾸준히 느는 추세입니다. 사정이 이렇다보니 YBM의 입장에서 볼 때는 고마운 일이 아닐 수 없죠. 그리고 그 덕택에 증권사들이 YBM를 안정적인 투자 대상으로 여기고 있는 것도 놀라운 일이 아닙니다. 토익 시험을 꾸준히 이용하는 국내의 충성스러운 기업들과 각종 기관들 덕에 미국의 ETS와 한국의 YBM만 살찌고 있는 셈입니다.

한국은 토플, 토익 시장의 최대 물주?

토익을 만들고 주관하는 이들 기업, 미국의 ETS와 YBM은 어떻게 돈을 나눌까요? 다시 한 번 이동현 전무의 말을 들어보겠습니다.

"개발자인 ETS에 로열티를 지급하고 있는데 정확히 말씀을 드릴 수는 없지만 출판업계에서 외국 저작물을 번역, 제작할 때 지급하는 로열티의 범위를 벗어나지 않습니다."[39]

그러니까 YBM이 시험 주관을 하고 ETS는 로열티를 받아가는 것입니다. 업계에 종사하는 분께 여쭤보니 그 로열티 범위라는 것이 1만 부 기준으로 대략 6~7%라는군요. 정확한 수치를 알 수는 없으니 일단 그 중간치인 6.5%라고 가정해보죠. 앞의 추정치 612억 원을 다시 이용해보겠습니다. 토익의 2007년 수익을 612억 원으로 가정하면 거기서 6.5%는 약 40억 원 정도 됩니다. 매년 몇 십억의 돈이 ETS로 흘러가고 있다고 예측할 수 있는 것이죠. 실제로 한 보도에 따르면 2005년에 이미 ETS는 70억 원에 가까운 돈을 가져갔다고 추정하는군요.[40] ETS는 한국 시장에서 말 그대로 가만히 앉아 로열티만으로 막대한 수익을 올리고 있는 것입니다. 토플과 토익으로 우리는 이 막대한 이익을 ETS에게 주고 있는 것이고요. 실제로 한국은 ETS의 가장 큰 시장입니다. 2007년 한국의 토플 응시자는 세계 최대였고, 토익 또한 전 세계 응시자의 절반 이상이 한국인이었답니다.[41] ETS의 랜드 그라프 사장이 "한국은 ETS의 가장 중요한 시장 중 하나"라고 말한 것은 그래서 의미심장하지만 별로 놀랍지는 않습니다.[42]

전통적이라 할 수 있는 토플과 토익 말고 요즘 그 중요성이 강조되고 있는 영어 말하기 시험들 중에서 아마도 가장 뜨고 있는 것은 오픽Oral Proficiency Interview, OPIc일 듯합니다. 오픽은 수험생이 공인 평가자와 직접 인터뷰를 하거나 전화 인터뷰를 하는 형태로 시험이 치러집니다. 많은 분들에게는 낯선 시험일 수 있지만 이미 상당수 대기업에서 입사하려는 사람에게 많이 요구하고 있습니다. 이렇게 많은 사람들에게 필요한 시험이지만 그 시험을 보는 데 적지 않은 돈이 들어갑니다. 2010년 응시한 사람이 13만 명이었고 응시료는 7만 8,100원이었습니다. 토익의 전체 응시자에 비하면 적은 숫자처럼 보일지 모르겠지만 사실 이는 놀라운 성장입니다. 다른 시험에 비해 오픽은 한참이나 늦게 시작했기 때문이죠. 오픽 시험이 맨 처음 국내에서 치러진 것은 겨우 2006년으로, 오픽을 주관하는 크레듀Credu CBT센터가 개관을 하고 삼성그룹이 정기 어학능력 평가에 이 시험을 도입하면서부터입니다.[43] 삼성이 들여오고 쓰기 시작했기 때문에 가능한 성장이었을 테죠. 크레듀가 금융위원회에 보내는 보고서에 따르면 이 시험이 회사 수익의 큰 몫을 하고 있음을 알 수 있습니다. 크레듀의 2010년 1분기 매출액은 약 113억 원으로 전년 1분기 매출액에 비해 22.4% 감소했습니다. 세부적으로 보면 회사의 주된 사업인 이러닝 서비스도 전년 동기 대비 0.8% 감소했고 수주사업(콘텐츠 개발, LMS 개발)과 출판 기타 사업 또한 각 21.4%, 92.7% 감소했습니다. 다만 오픽 평가 매출액만 유달리 약 17억 원으로 전년 동기 대비 25.5% 증가했죠. 이는 영어 시험의 사회적 수요가 그만큼 늘어난다는 뚜렷한 증거라 할 수 있습니다.[44]

영어 시험이 이렇게 장사가 되니 국내 업체들도 가만히 있을 리 없습니다. 서울대학교가 만든 텝스TEPS가 있고, 숙명여자대학교가 개발한 메이트MATE, 한국외국어평가원이 만든 실용영어PELT 등이 있습니다. 국내 영어 시험들 중 텝스가 가장 성공적인 듯합니다. 1999년 첫 시험이 시작된 이래 10년이 지난 2009년 그 응시자 수가 60만 명에 달할 것으로 예상되었습니다.[45] 이는 각종 영어

평가가 텝스로 대체되거나 텝스 성적이 여러 곳에서 반영되면서 가능해진 것입니다. 외국어고, 과학고, 자립형사립고 등 전국의 특목고에서 입학 자격시험에 텝스 성적을 반영하고 있고 30여 개의 특목고에서 영어 실력 향상과 평가를 위해 단체로 텝스 시험에 응시하고 있습니다. 대입 수시 전형에도 쓰이고, 대기업과 공기업의 신입사원 고용, 인사고과, 해외 파견 근무자 선발 등에도 다양하게 쓰이고 있습니다. 다양한 국가고시(행정고시, 외무고시, 사법시험 등)에서도 텝스는 다른 영어 시험을 대체하는 것으로 이용되고 있습니다.

그럼 이 시험은 또 얼마나 장사가 될까요? 텝스의 접수비는 3만 3,000원입니다. 텝스로 버는 서울대의 수입을 정확하게 알 수는 없지만 대략 가늠할 수는 있습니다. 일단 텝스의 수입이 좋다는 것은 서울대학교가 구상하는 5개 수익 사업 중 하나로 텝스를 바탕으로 한 한국어 시험 사업을 구상하고 있는 것에서도 짐작할 수 있습니다.[46]

한 보고서에 따르면 텝스 응시자 한 명 당 드는 비용을 1만 원으로 보고 있습니다. 그럼 2009년 50만 명이 텝스를 쳤다고 가정하면 그 접수비에서 기대되는 수입은 무려 165억 원입니다. 그리고 여기에 든 시험 시행비용—한국어 시험 보고서의 숫자가 텝스의 경험에서 나왔다는 가정 하에—은 50억 원입니다. 그러면 100

억 원 가까이가 남습니다.

또 다른 예측은 엉뚱한 곳에서 해볼 수 있습니다. 2011년 1월 텝스 응시원서 접수 대행사 대표가 응시료 수십 억 원을 빼돌려 달아난 일이 있었습니다. 그 당시 언론 보도에 따르면 이 대표는 2009년 10월과 11월 응시료 전액, 12월 응시료 일부 등 24억 원을 갖고 2009년 12월 가족과 함께 필리핀으로 도주했다고 합니다.[47] 여기서 우리는 한 달에 약 10억 원 꼴로 응시료 수입이 생겼다고 추정해볼 수 있습니다. 그렇다면 1년이면 100억 원이 좀 넘는 셈입니다. 서울대학교의 순익이 얼마인지는 정확히 알 수 없지만 그 규모만큼은 짐작이 됩니다.

토플과 토익 등 주요 시험을 살펴보았지만 물론 이들이 다는 아닙니다. 간략하게나마 여기서 거론되지 않았던 모든 시험을 다 합치면 국내 영어 평가 시장은 얼마나 될까요? 물론 대략의 추산이겠지만 5,000억 원 규모(2008년 기준)로 보는 시각이 많습니다.[48] 그리고 이 중 약 5분의 1이 토익과 토플이 차지한다고 합니다. 서비스업이라는 것이 근본적으로 물건을 생산하는 것은 아닙니다만 이 평가 산업이라는 것이 이미 생산되어 있는 영어의 실력을 측정만 하는 사업임을 생각해보면 참 많은 돈이 아닐 수 없습니다. 이 중 얼마가 영어 시험을 주관하는 회사의 이익으로 흘러가는지 정확히 알 수는 없지만 우리 사회에서 영어 광기가 엉뚱하게 몇몇 회사, 게다가 미국 기업까지 배부르게 해주고 있는 것이죠.

우리는 주는 만큼 받고 있나

지금까지 살펴본 영어의 금전적 수혜자들, 즉 대형화된 영어 학원들, 거의 모든 나이의 사람들을 상대로 하는 영어 교재 산업, 그리고 영어 시험들까지 이 영어산업이라는 것은 이제는 우리 사회 어디에서나 만나게 되는 일상적인 것들이 되었습니다. 그리고 너무나 당연하게 서비스를 제공받으며 돈을 지불하고 있습니다. 필요한 서비스라면 돈을 주고 쓰는 것이 마땅하겠지요. 하지만 정말 그럴까요? 그 서비스를 받으면 그들이 주장하는 만큼 효용이 있는 것일까요? 돈을 지불한 만큼 학원 수업이나 교재들이 효용이 있었다면 지난 20여 년간 한국 사람들의 영어 실력은 꾸준히 늘었어야 할 것입니다. 아뇨, 아마 엄청난 수준에 이르렀어야 하겠지요.

안타깝게도 지난 수십 년간 한국인의 영어 실력을 비교할 수 있는 자료는 찾기 힘드니 단편적으로나마 살펴보죠. 최근 교육기관 EF 에듀케이션 퍼스트는 비영어권 44개 국 성인들의 영어 실력을 국가별로 평가한 '영어능력 평가지수EF English Proficiency Index'를 발표했습니다.[49] 이 조사는 2007년부터 2009년까지 전 세계 직장인 230만 명을 상대로 문법과 어휘, 읽기와 듣기 4개 항목으로 구성된 온라인 영어 시험을 통해 영어 실력을 측정했습니다. 한국은 얼마나 잘했을까요? 측정 결과 한국은 비영어권 44개 국 중 13위로 중위권에 들었습니다. 아시아만 보면 말레이시아(9위)와 홍콩(12위)의 뒤를 이어 3위를 차지했습니다. 이들 국가가 영어를 공용어로 사용하는 것을 고려하면 상당한 순위입니다.

그렇지만 우리가 광적으로 소비하는 영어 서비스의 성과라고 말하기에는 좀 힘들어 보입니다. 거의 모든 학생들이 그 수많은 시간과 돈을 들여서 학원을 다니고, 영어 교재를 파고, 시험을 보고 또 봤으면 중위권이 아니라 상위권에 들어야 정상이 아닐까요? 하지만 우리가 아무리 발버둥을 쳐도 상위권은 여전히 노르웨이(1위), 네덜란드(2위), 덴마크(3위), 스웨덴(4위), 핀란드(5위) 같은 북유럽 국가들이 차지하고 있습니다.

이는 어쩌면 영어를 배운다는 것은 앞서 이야기했듯이 우리에게는 너무나 힘든 일이라는 것을 역설적으로 보여주고 있는 것일지도 모릅니다. 북유럽 사람들은 언어적으로도 문화적으로도 우리처럼 애쓰지 않아도 훨씬 쉽게 영어를 배울 수 있는 환경에 있고, 그러므로 훨씬 더 많은 투자를 하는 우리보다 뛰어난 영어를 쉽게 구사할 수 있는 것이죠.

물론 그렇게라도 했으니까 우리가 여기까지 왔다라고 말할 수도 있습니다. 실제로 영어공부를 통해 영어가 잘되는 사람들이 있기도 합니다. 또 현재 이러한 주장을 부정할 객관적인 데이터도 찾을 수 없습니다. 그러나 이런 주장이 설득력을 가지려면 우리가 영어 교육에 퍼붓는 그 많은 비용(금전적 손실, 정신적 고통, 육체의 피곤, 가정의 불화 등)이 실제적으로 구체적인 가치로 돌아와야 할 것입니다. 하지만 그런가요? 과연 우리 사회가 그만한 비용을 지불하고 기업들의 지갑을 두둑하게 해주면서 이 정도의 성과에 만족해야 할 만큼 영어가 가치 있는 것일까요?

세계화 시대,
한국인의 미국말 공부

우리는 미국을 세계 중심으로 여겼다

그래도 영어는 필요하다는 사람들의 말을 들어보면 그 근거로 삼는 것이 세상이 달라졌다는 것입니다. "세계화 시대에는 영어가 필수다." 이 말은 정말 수도 없이 들었습니다. 그리고 얼핏 생각해보면 맞는 소리이기도 합니다. 세계는 넓고, 할 일은 많다고 합니다. 그리고 우리의 세계라는 것이 아직도 미국 중심임을 부인할 수는 없을 것입니다. 세계에서 미국은 최고의 선진국이고 많은 사람들에게 미국은 심지어 세계와 동의어이기도 합니다.

제 딸이 아기였을 때 참 이상한 일이 있었습니다. 길거리든 어디든 백인들만 보면 손으로 그들을 가리키며 "아쉬, 아쉬" 부르곤 했죠. 아무도 가르치지도 않은 터여서 아내와 저는 신기해했죠. 아기의 눈에도 백인들은 달라 보였나 봅니다. 하지만 아기의 눈에는 그 사람이 맨날 보던 한국 사람과 다른 백인일 뿐이지 미국 사람인지, 스웨덴 사람인지, 포르투갈 사람인지 구분이 갈 턱이 없었을 테죠. 아기한테 그런 지적 능력을 기대하는 것 자체가 우스운 일입니다. 그렇지만 제가 어릴 적만 해도 애어른 할 것 없이 백인이나 흑인을 보면 그냥 미국 사람이라고 생각했습니다.

이제는 한국에도 아시아 곳곳에서 온 사람들이 많고 해서 외국인이라는 개념이 더욱 넓어졌지만 몇 십 년 전만 하더라도 한국 길거리에서 볼 수 있는 외국인은 별로 많지도 않았고 있더라도 주한 미군이거나 그들의 가족일 가능성이 높았습니다. 길거리에서뿐만이 아니었습니다. 텔레비전 채널 2번을 틀면 미군 방송이 나왔고, 사람들은 미국의 드라마, 뉴스, 만화, 공익광고 등을 볼 수 있었습니다. 당연히 외국인은 미국 사람이라는 등식이 큰 거부감 없이 받아들여졌죠. 그리고 그 등식이 그리 많이 틀린 것도 아니었을 것입니다.

이러한 정서는 국제 정치의 냉정한 현실을 보여주는 한 단면이었을 테지요. 한국전쟁과 남북의 대립, 한반도의 지정학적 가치는 남한을 미국 최전방 군사기지로 만들었습니다. 남한은 미국의 원조와 군사적 보호가 필요했죠. 자연히 두 나라의 관계는 가까울 수밖에 없었습니다. 그렇게 다져진 관계는 1990년대 세계적으로 냉전체제가 끝났어도 여전히 한반도에서는 지속되었습니다. 남북간에 정치적 이데올로기를 바탕으로 한 군사적 대결이 지속되고 있고, 그 대결은 남과 북만의 것이 아닌 국제적인 양상을 띠고 있습니다. 이렇게 오랜 시간 냉전이 계속되고 있는 덕분에 (물론 이외에도 미국의 문화나 다른 중요한 요소도 있을 수 있겠지만) 우리는 미국 중심으로 세계를 이해하고, 이런 미국 중심의 세계관으로 우리 자신을 바라보는 습관을 버리지 못하고 있습니다. 외국은 흔히 미국이나 미국의 우방국들을 가리키는 말로 쓰여왔습니다. 동구권이나 아프리카의 나라들은 어쩐지 그런 외국과는 전혀 다른 세상으로 느끼는 경우가 흔했죠. 물론 한국은 그런 미국의 혈맹이라는 우월한 지위를 지니는 특별한, 다른 비유럽국가들과는 다른 국가로 보았습니다.

최근 재미있는 한 예는 국내 보수 기독교 교단의 움직임입니다. 그들이 하는 구국기도회에 가보면 태극기와 성조기가 함께 휘날립니다. 이런 종교 집회는 보통 나라 안의 좌파를 성토하고 북한의 지도부를 비판하며 반공주의를 한껏 내세운 후 한미 동맹의 중요성을 강조하기 일쑤죠. 구시대적 반공사상과 복음주의가 묘하게 섞여 있는 주장입니다.

미국 대학에서 학위를 따야 성공하는 사회

세계화 시대를 사는 우리에게 미국의 존재감은 다만 정서적 차원의 문제는 아닌 듯합니다. 미국을 세계의 지도자로 보고, 흠모하고, 친미를 정의로 여기는 것은 일부의 정서적인 문제만은 아닌 것이죠. 이 문제를 가만히 들여다보면 미국과의 인연이 실질적인 이익으로 직결되는 경우를 우리 사회에서는 흔히 볼 수 있습니다. 미국의 가치와 미국의 지식, 미국의 언어는 한국 사회에서 유용한 재물이 되는 경우가 흔한 것이지요.

한국에서 출세를 하기 위해서는 많은 것이 필요합니다. 잘 알다시피 학연과 지연은 필수죠. 하지만 일반 대중에게는 잘 보이지 않는 것이 있습니다. 바로 미국에서 받아온 학위입니다. 국내 엘리트 집단을 보면 얼마만큼 많은 이른바 지도자급 인사들이 미국에서 교육을 받고 돌아와 그것을 자산으로 성공했는지 간접적으로나마 볼 수 있습니다. 그 증거로 미국 학위 소지자의 비율을 들 수 있습니다. 즉 엘리트 집단에는 다른 집단보다 훨씬 많은 미국 학위 소지자가 있는 것이죠. 한국 전체 인구 중 석사 이상(국내외

대학 전체) 학위 소지자가 2.5% 정도입니다.[50]

그렇다면 어느 집단에서 석사 이상의 학력은 고사하고 미국 대학원 졸업자가 차지하는 비율이 전체 2.5%보다 훨씬 더 높다고 하면 그 집단에서 미국 학위를 얼마나 중요시하는지, 그 집단 내에서 미국 학위가 얼마나 유리하게 작용하는지 알 수 있겠죠. 그럼 어디 일단 행정부 장관급 인사들의 최종 학력을 살펴볼까요? (2011년 7월 현재)

- 대통령: 이명박_ 고려대학교 경영학과
- 국무총리: 김황식_ 서울대학교 법학과
- 중앙선거관리위원장: 김능환_ 서울대학교 법학과
- 감사원장: 양건_ 서울대학교 법학과, 미국 텍사스대학교 비교법 석사*
- 기획재정부 장관: 박재완_ 서울대학교 경제학과, 미국 하버드대학교 정책학 박사*
- 교육과학기술부 장관: 이주호_ 미국 코넬대학교 경제학 박사*
- 외교통상부 장관: 김성환_ 서울대학교 경제학과
- 통일부 장관: 현인택_ 미국 UCLA 국제정치학 박사*
- 법무부 장관: 이귀남_ 고려대학교 법대
- 국방부 장관: 김관진_ 육군사관학교

- 행정안전부 장관: 맹형규_ 연세대학교
- 문화체육관광부 장관: 정병국_ 연세대학교 대학원 행정학 석사
- 농림수산식품부 장관: 서규용_ 미국 농무성 대학원*
- 지식경제부 장관: 최중경_ 미국 하와이대학원 경제학 박사*
- 보건복지부 장관: 진수희_ 미국 일리노이대학교 사회학 박사*
- 환경부 장관: 유영숙_ 미국 오리건 대학교 생화학 박사*
- 고용노동부 장관: 이채필_ 서울대학교 행정대학원
- 여성가족부 장관: 백희영_ 미국 하버드대학교 이학 박사*
- 국토해양부 장관: 권도엽_ 서울대학교 토목공학과
- 특임장관: 이재오_ 고려대학교 교육대학원

모두 20명 중 최종 학력이 미국 소재 대학인 사람들(*로 표시)이 거의 반인 9명입니다(45%). 입법부는 어떨까요? 18대 국회를 보면 미국과 영국 등에서 학위를 받은 사람은 한두 명이 아닙니다. 299명 국회의원 중 외국 학위를 가진 이는 석·박사를 포함해 71명이고 이 중 미국에서 학위를 받은 이는 64명입니다. 전체 국회의원의 21%에 달하는 숫자입니다.[51] 행정부, 입법부 모두에서 미국 대학 석사 이상 학위 취득자가 한국 전체 인구 중 석사 이상 학위 소지자 비율 2.5%를 훨씬 넘어서는 것을 알 수 있습니다. 다시 말하면 길거리에서 일반 시민들 중에서 석사학위를 가지고 있는

사람을 찾을 수 있는 확률은 2.5% 정도지만, 행정부 지도자들 중에서는 미국에서 석사 이상의 학위를 얻은 사람을 볼 수 있는 확률은 거의 반이 된다는 것이죠. 즉 우리 사회에서 정치 지도자가 되는 데 미국에서 받은 학위가 큰 도움이 된다는 것을 쉽게 알 수 있습니다.

재계 쪽도 한번 살펴보겠습니다. 2011년 삼성전자 정기 임원 인사 중 부사장급 승진자의 프로필을 보죠.[52] 13명의 부사장 승진자 중 8명(62%)이 미국 대학에서 석사 또는 박사학위를 받았습니다. 2010년 제일모직 부사장으로 승진한 4명 중 3명(75%)이 미국 석사학위 소지자입니다.[53] 작은 수의 집단이기는 하지만 그 비율만을 보면 미국 학위를 받은 사람들이 국민 전체는 두말할 것도 없고 정부나 입법부와 비교해서도 월등히 높은 비율을 차지하고 있는 걸 알 수 있습니다.

물론 삼성이라는 특정 그룹의 특수한 예라고 가볍게 넘길 수도 있겠지만 한국에서 가장 중요한 기업 중 하나가 분명하며 그래서 다른 기업들에게도 큰 영향을 미친다는 점을 생각해보면 가볍게 넘길 일이 아닙니다. 기업들을 전체적으로 살펴봐도 대기업 임원들 중 미국 대학 학위 소지자들은 상당히 높은 비율을 차지합니다.

100대 기업의 임원 전체를 조사한 보도에 따르면[54] 전체 임원 6,307명 중 출신 학교 정보가 파악된 임원 5,965명 가운데 외국 대학 학위 취득자가 700명이나 되었고 이 중 523명(전체의 8.3%, 외국 학위 취득자 중 74.7%)이 미국 대학에서 학위를 취득했다고 합니다. 미국 대학 졸업장은 재계의 리더가 되는 데에도 큰 힘이 된다는 것을 알 수 있습니다.

학계도 예외는 아니겠죠. 그냥 아무 대학이나 생각나는 대로 가보겠습니다. 서울대학교 정치학 전공 교수진을 보면 14명 현직 교수 중 12명(85.7%)이 미국 대학 박사학위 소지자, 1명이 영국 대학 박사학위 소지자입니다.[55] 연세대학교 경영학 마케팅 교수 15명 전원(100%)은 미국 대학 박사학위 소지자이고,[56] 고려대학교 화공생명공학과의 19명 교수 중 일본 대학 박사학위 소지자가 1명, 한국 대학 박사학위 소지자가 4명, 그리고 나머지는 모두 영어권 대학 박사학위(미국 12명 63.2%, 캐나다 1명, 영국 1명)를 가지고 있습니다.

이러한 극단적인 미국 대학 출신 편중 현상은 새로 교원을 채용할 때 외국, 특히 미국 출신 박사들을 선호하는 대학들의 정서 탓입니다. 새로 생기거나 충원이 필요한 자리를 상당 부분 미국 출신 교수로 채우다보니 시간이 지날수록 미국 대학 학위 소지자들의 비율이 높아지는 것이죠.

실제로 한 자료를 살펴보면 2005년 하반기 전체 119개 대학에서 총 1,135명을 교수로 새로 임용했고 이 중 박사학위 소지자는

874명(77%)으로 이 가운데 국내 박사는 461명(52.7%)이었습니다.[57] 반면 무려 280명(32%)이 미국 대학 박사학위 소지자였습니다. 이러한 미국 편중 현상은 유명 대학으로 갈수록 더욱 두드러졌습니다.

서울대학교의 경우 해외 박사학위를 소지한 전체 교수 중 52.8%가 미국 대학 박사학위 취득자인 것으로 나타났습니다. 특성상 거의 국내 학위자로 채워지는 의·치대 교수를 제외할 경우 미국 출신 박사는 대학 내 절대적 우위를 차지한다고 볼 수 있습니다. 특히 사회과학대의 경우 이러한 편중 현상이 더욱 눈에 띕니다. 전체 해외 박사 출신 교수 가운데 86%가 미국에서 박사학위를 받았고 자연과학대는 그 비율이 78%, 공과대학은 76%에 달했습니다.

사정이 이러하니 유학을 꿈꾸는 젊은 학생들이 그 행선지로 흔히 미국을 택하고 있습니다. 물론 그러다보니 미국 출신 박사가 더욱 늘 수밖에 없습니다. 실제로 많은 학생들이 미국으로 유학을 떠나고 당연히 미국 대학 어디를 가봐도 한국 학생이 없는 대학은 찾기 힘듭니다. 그 중 한국 유학생들에게 가장 인기가 많은 미국 사립대가 있습니다. 물론 교육의 질도 우수하지만 사실 그 질에 비해서는 이상할 정도로 한국 학생들에게 인기가 높죠. 교육의 질만 놓고 본다면 그 정도의 학교는 미국에 많거든요.

그럼 왜 그렇게 한국 학생들에게 인기가 있을까요? 유독 그 학교로 한국 학생들이 몰리는 여러 이유 중 하나는 동문들이 많기 때문입니다. 유명 동문(객원연구원 등도 포함)들 이름을 한번 보죠. 서재필, 이승만 전 대통령과 이명박 현 대통령, 손학규, 이경재, 곽성문 의원, 강영훈 전 국무총리, 이건희 삼성그룹 회장, 이웅열 코오롱그룹 회장, 담철곤 오리온그룹 회장, 노정익 현대상선 사장, 정주영 회장의 막내아들 정몽일 현대기업금융 회장, 권오갑 한국과학재단 이사장, 현정택 한국개발연구원KDI 원장, 이경태 대외경제연구원 원장, 장대환 매일경제신문-매일경제TV 회장, 신상민 한국경제신문 사장 등이 이 대학을 졸업했습니다.[58]

워낙 한국 졸업생이 많다보니 한국으로 돌아와서도 연줄로 엮이는 게 당연하겠지요. 그래서 이 대학 국내 동문회는 유난히 활발합니다. 2009년 동문회 활동 내역을 잠시 볼까요?[59] 회비를 4,520만 원 걷었고 이 중 행사 식대비로 10,552,300원, 홍콩 포럼 경비로 994,619원, 부회장단 조찬 경비로 253,737원, 행사 와인비로 1,300,000원 등을 썼습니다. 활동도 활발합니다. 2010년 송년회에는 엘리엇 스쿨Elliott School의 마이클 브라운Michael Brown 학장, 비즈니스 스쿨Business School의 더그 거드리Doug Guthrie 학장 등 140여 명의 동문들이 참가했고, 골프와 등산 등으로 친목을 다졌습니다.[60]

눈에 띄는 이들 동문의 동정만 보아도 "최치훈 동문(MBA/1981) 삼성카드 대표이사 취임"(2010), "안인해 동문(CSAS PhD/1991) 한국국제정치학회 회장 선출"(2010), "박찬구 동문(MIS/1998) 한나라당 부대변인 임명"(2010), "김양 동문(SPIA MA/1982) 국가보훈처장 임명"(2008) 등 어느 한국 일류대학 동문회가 무색합니다.

세계화인가 미국화인가

이쯤 되면 어째서 세계화 시대에 영어가 필요하다는 주장이 설득력을 가지는지 막연하게나마 수긍이 될 법도 합니다. 그러나 조금만 생각해보면 이 주장이 얼마만큼 허약한 것인지 알 수 있습니다. 가장 큰 이유는 우리가 이해하고 있는 세계화라는 개념의 한국적 모순입니다. 국내에서는 김영삼 대통령이 처음 소개한 이 개념은 정치적 구호 성격이 강했던 탓에 그 의미가 분명치 않았고 이 희미한 개념은 막연하게 우리가 익숙한 세계의 질서, 즉 미국 중심의 세계 질서를 기본으로 한 세계화, 즉 미국화에 가깝게 이해되었습니다. 결국 우리가 생각한 세계화는 미국화 내지는 미국을 중심으로 한 세계화였던 셈이죠. 하지만 이 주장은 세계화는 미국화가 아니라는 데 가장 큰 문제가 있습니다.

김영삼 대통령이 개념 정립을 잘해주지 않으셨으니 이 자리에서 그 개념의 정의를 한번 알아보죠. 세계화를 영어로 하면 Globalization입니다. 이 말은 세계 각 나라의 경제, 정치, 문화적 교류가 심도 있게 진행되어 나라와 나라 사이가 줄어들고 있는 상태를 말합니다.

우리 주변을 돌아보면 세계화가 많이 진행되었음을 쉽게 알 수 있습니다. 우선 경제적 세계화는 국내 경제만 보아도 알 수 있습니다. 한국 경제가 세계 경제와 연관이 깊은 것은 어제오늘 일이 아닙니다. 2011년 8월 미국 공화당이 주도하는 하원은 민주당이 주도하는 행정부에 커다란 상처를 남깁니다. 미국이 빚을 질 수 있는 상한선을 올리는 것을 거부한 것이죠. 그렇게 되면 이미 예산에 따라 돈을 쓰고 있던 미국 행정부는 아주 곤란한 지경에 처할 수밖에 없었습니다. 필요한 만큼 돈을 빌릴 수 없으니 예산을 집행할 수 없는 심각한 상황이 올 수도 있었죠. 정부가 문을 닫을 지경이었습니다. 민주당이 주도하는 상원은 행정부 편이었지만 하원의 강경한 입장에 다들 어쩔 수 없었습니다. 그리고 하원 공화당 의원들도 사실 초선의 강경한 의원 몇 십 명에게 떠밀리다시피 한 것이었죠. 8월 2일 마감 바로 전날 간신히 합의는 했지만 정치적으로 두 정당 모두 신뢰를 잃었고 경제적으로도 이들의 리더십이나 정책 모두 재정적자나 불황의 문제를 풀기에는 한참 모자

란다는 비판을 좌우 양쪽으로부터 받게 됩니다. 결과적으로 이로 인해 미국 사상 처음으로 신용등급이 강등당하는 수모를 겪게 되죠. 이후 미국의 증시는 폭락과 급등을 날마다 반복합니다. 그리고 이에 맞춰 세계 주요 주식 시장도 요동쳤습니다. 유럽, 아시아, 남미, 호주, 인도 등지에서 작게는 몇 퍼센트에서 크게는 10%까지 돈이 뭉텅이로 사라졌습니다.

물론 당시 한국의 증시도 난리였죠. 주가 폭락 때문에 거래를 일시적으로 멈추기도 하는 등 큰 타격을 받았습니다. 태평양 건너의 정치적 위기가 전 세계에 파장을 미칠 만큼 세계 경제는 밀접하게 연결되어 있습니다. 경제적으로 세계화가 많이 진행되었다는 수많은 증거 중 하나일 테죠.

정치적으로도 세계화는 많이 진행되었습니다. 정치적 세계화는 민주주의라는 정치적 사상을 전 세계가 공유하는 데서 볼 수 있습니다. 정치적으로 이렇게 일관된 하나의 사상을 전 세계가 공유하는 것은 인류 역사상 처음일 듯합니다.

민주주의라는 정치체제는 서유럽과 북미에서 시작해서 이제는 남미 전역과 아시아 일대에 널리 퍼져 시행되고 있습니다. 아프리카의 많은 나라에서도 민주주의는 빠른 속도로 확산되고 있습니다. 이러한 확산을 보고 있으면 마치 민주주의로 커다란 세계적 흐름이 만들어진 듯 보입니다. 그리고 이런 민주화의 흐름에는 민주주의가 대세라는 국제적인 합의가 있는 것이죠. 참으로 놀라운 일이 아닐 수 없습니다.

그리고 흥미롭게도 민주주의가 세계적 가치가 된 증거는 바로 민주주의가 없는 나라에서 찾을 수 있습니다. 북한을 볼까요? 북한은 민주주의적 제도가 미비한 나라입니다. 그렇지만 이 나라의 정식 국호는 '조선민주주의인민공화국'입니다. 나름 민주주의 원칙도 천명하고 있죠. 중국도 마찬가지입니다. 민주주의는 실제로 시행되고 있지 않지만 민주주의 원칙을 고수하고 있다고 늘 주장하죠.

이 세상에 "난 민주주의가 싫어요"라는 나라는 아마 하나도 없을 것입니다. 중동의 왕정국가도 민주주의를 하고 있다고 말하는 판입니다. 재미있지 않습니까? 민주주의는 하나의 정치제도를 지나 거대한 가치와 남론이 돼버린 것입니다. 거역하기 힘든 것이죠. 좋거나 싫거나 따라야 하는 것이 세계적 대세이고, 없으면 있는 척이라도 해야 하는 것이 순리가 돼버린 것입니다. 정치적 세계화의 뚜렷한 예입니다.

문화적인 세계화야 무슨 말이 필요하겠습니까. 이태원에 한번 가보시죠. 전 세계의 음식 중 없는 게 없습니다. 2011년 여름, 인기 만화가 정철연 씨는 아내와 이태원으로 세계 맛집 여행을 떠났습니다.[61] 다음은 이틀 동안 이들이 간 식당들입니다. 불가리아 레스토랑 '젤렌', 벨기에 맥주가 있는 바 '버진', 이집트 풍 양고기 샌드위치와 치킨 케밥을 파는 노점상, 요르단 레스토랑 '페트라', 이태리 레스토랑 '라보카', 중국식 레스토랑 '자니 덤플링', 태국 레스토랑 '타이 가든', 일식집 '스시사찌'. 물론 수많은 외국 식당의 극히 일부에 지나지 않습니다만 서울에서 한 발자국도 나가지 않고 이렇게 다양한 나라들의 음식을 맛볼 수 있습니다.

음식뿐만 아니죠. 할리우드 영화는 물론 텔레비전에선 미국 드라마가 인기입니다. 물론 한국 문화도 세계 곳곳에서 많은 사람들이 즐기고 있습니다. 이영애가 주연한 〈대장금〉은 일본, 중국 등 아시아 각국을 비롯해 짐바브웨, 르완다, 프랑스 등 전 세계 60여 개 나라에 수출되었습니다. 유럽뿐 아니라 미국 대학에서도 한국 아이돌 그룹을 아는 젊은이들이 심심치 않게 눈에 띕니다. 태권도 도장은 전 세계에 없는 데가 없습니다.

가장 보수적이라는 혀의 감각도 서서히 한국의 문화에 문을 열고 있습니다. 2011년 미국 공영방송에서 김치를 다루는 시리즈가 방영됐죠.[62] 미국의 인기 여배우가 한국 식당에서 삼겹살과 돼지갈비를 뜯으며 감탄하는 모습이 참 인상적이었습니다. 사실 널리 퍼진 한국 식당엔 미국 사람들이 심심치 않게 보입니다. 뉴욕시에 인기 있는 '감미옥'이라는 설렁탕집에서 미국인이 혼자 앉아 깍두기를 베어 물며 국물을 들이켜는 모습은 이제 흔한 모습입니다.

이처럼 문화적 세계화는 이미 세계 곳곳에 뿌리를 내렸습니다.

세계화는 이렇듯 전 세계적인 현상이고 생활의 많은 부분에서 벌어지고 있습니다. 다시 말해 세계화는 미국화일 수 없고 한 나라만의 일도 아니라는 것이죠. 한류라는 것이 특이하고 신기한 일이기는 하지만 크게 보면 세계화라는 큰 흐름의 아주 작은 일일 뿐입니다. 물론 미국만의 일도 아닙니다. 미국이 큰 나라이고 부유한 나라이기 때문에 미국에서 벌어지는 일들이 세계에 미치는 영향이 큰 것은 사실입니다. 하지만 미국 또한 세계화의 큰 흐름에 함께하고 있는 하나의 작은 부분일 뿐입니다.

한국이 숭배하는 미국은 이미 조각난 하늘

미국도 세계화의 일부라는 것은 미국 안을 들여다보면 잘 알 수 있습니다. 미국 곳곳에서 세계화가 미친 영향을 쉽게 볼 수 있습니다. 아무래도 가장 눈에 띄는 것은 남미 이민자들의 증가와 그에 따른 생활의 변화죠. 미국 어디를 가봐도 남미 이민자들(미국에선 '히스패닉'이라고 흔히 불립니다)이 눈에 띕니다. 학교를 가봐도, 길거리 버스정류장에서도, 공사장에서도 이들을 쉽게 볼 수 있습니다. 또한 점점 그 수가 늘어나고 있음을 알 수 있죠. 최근 자료를 보면 히스패닉계 인구가 5,000만 명이 넘어 미국 전체 인구 중 16.3%에 이릅니다.[63] 지난 10년간 인구가 무려 43%나 증가한 것입니다.

이러한 폭발적 증가는 캘리포니아, 뉴멕시코 같은 남쪽 국경에 가까운 주로 갈수록 더합니다. 수의 증가는 표의 증가로 이어져서 이들 남쪽 주에서 히스패닉들의 정치적 입김이 그 어느 때보다 강력합니다. 문화적으로도 스페인어 텔레비전 채널이 생기고 남미 음식이 인기입니다. 대다수 주의 관공서에는 스페인어로 된 서류가 구비되어 있고 스페인어로 운전면허 시험도 볼 수 있습니다. 스페인어를 구사하는 백인 경찰도 흔합니다. 이러한 소수민족의 문화적 성장은 히스패닉에만 한정된 것이 아닙니다.

최근 눈에 띄는 현상 중 하나는 중국어를 가르치는 학교들이 늘어난 것입니다. 전통적으로 가르치던 외국어에 비하면 그 수가 많지 않은 편이지만 그 비율이 가파르게 올라가고 있는 것은 분명합니다. 2008년 미국 중고등학교의 4%가 중국어를 가르쳤습니다. 이는 프랑스어(46%)에 비하면 걸음마 단계라고 할 수 있죠. 하지만 프랑스어를 가르치는 학교는 1997년에 비해 18%가 줄어든 반면 같은 기간 동안 중국어를 가르치는 학교들은 3%가 늘었습니다.[64] 3%가 작아 보이지만 지난 근 10년 동안 가장 많이 늘어난 외국어입니다. 달라지고 있는 국제 정세를 반영한다고 할 수 있습니다.

미국에서는 한두 세대 전만 해도 날로 먹는 생선을 역겨워했습니다. 하지만 이제 스시는 당당히 고급 음식이 되었고 많은 사람들이 즐기고 있죠. 스시 뷔페도 여기저기서 흔히 볼 수 있습니다. 동네 슈퍼에서는 중동의 대표적인 음식인 허머스도 쉽게 찾아볼 수 있습니다. 중국 식당도 아무리 작은 소도시라 해도 없는 곳이 없을 겁니다(알래스카 오지에서도 봤습니다). 인도 식당도 하나쯤은 있기 마련이죠. 이뿐만 아니라 웬만한 시골을 가도 대학촌이면 에티오피아 식당도 예사이고 타이 식당은 큰 인기입니다. 이젠 한국의 컵라면도 시골 마트에서 팔고 있고 어쩌다가 소주를 파는 곳도 있습니다.

음식뿐 아닙니다. 한 세대 전만 하더라도 스포츠라고 하면 단연 야구와 농구였습니다. 체력 단련으로는 무조건 달리기였죠. 하지만 이런 운동도 세계화의 물결을 타고 있습니다. 축구가 드디어 뿌리를 내리기 시작했고, 조깅 대신 인도의 종교적 수련인 요가가 대중화되어서 대학에서 교양 체육과목으로 버젓이 가르치고 있습니다. 미국의 문화가 지속적으로 세계화되고 있는 뚜렷한 증거인 것이죠.

경제적으로도 미국은 이제 세계의 일부일 뿐입니다. 미국 제조업은 이미 사양길로 접어든 지 오래죠. 덕택에 미국 소비자들은 중국에서 만든 공산품에 의지하는 데 익숙합니다. 간단한 물건이라도 미국에서 생산한 것이면 커다랗게 'Made in USA'라고 선전하는 지경이 되었으니까요. 중국 것을 쓰는 것은 공산품뿐만 아닙니다. 정부 재정지출과 시장경제의 상당 부분도 중국 투자에 의지하고 있습니다. 2011년 3월 발표에 의하면 미국 정부가 중국에 빚진 돈이 한국 돈으로 1,264조 원입니다. 미국이 중국 경제 동향에 민감하지 않을 수 없습니다. 물론 중국 또한 저렇게 많은 돈을 빌려주었으니 미국 경제가 쭉 좋기를 바랄 수밖에 없습니다. 아니면 돈을 떼일 수도 있으니까요. 미국 정부에 돈을 빌려준 나라는 중국뿐만이 아닙니다. 일본, 영국, 브라질, 대만 등이 미국 정부의 국채 보유국들이죠. 이들의 투자가 미국의 대량 소비를 유지하고 있고, 또 그 덕에 많은 나라들이 미국으로 수출해서 먹고 살고 있습니다. 서로 얽히고설킨 세계 경제입니다.

좀 길어지긴 했지만 보시다시피 세계화는 결코 미국화가 아닙니다. 미국화가 아닐 뿐 아니라 미국 자체도 옛날의 미국이 아닙니다. 냉전 당시 미국은 여러모로 앞서던 서구 진영을 이끌며 사상적 대결을 이끌었습니다. 미국은 사실상 경제적으로나 군사적으로나 소련에 월등히 앞서 나갔죠. 덕택에 서구 진영에서 미국은 문화와 사상에서도 리더였습니다. 그러나 냉전이 끝난 후 승리의 쾌재는 잠시뿐, 미국은 9·11 테러와 뒤이은 10년을 훌쩍 넘긴 아프가니스탄과 이라크에서의 전쟁, 경제적 불황, 재정적자에 따른 정치적 혼란 등으로 우왕좌왕하고 있습니다. 군사적으로도 그들이 자랑하던 핵폭탄, 핵 항공모함 등 최첨단 무기가 발로 뛰는 적에게 별 소용이 없음을 고통스럽게 지켜봐야 했습니다. 동시에 중국, 브라질, 인도 등 새로운 국제적 강국들이 떠오르고 있고 독일 등 유럽 국가들은 아직도 건재합니다.

미국의 정치력이 예전 같지 못한 것은 두말할 것도 없습니다. 2010년 말 튀니지에서 시작되어 이집트, 리비아, 예멘, 시리아 등으로 퍼진 중동의 정치적 혁명에도 미국은 속수무책으로 바라만 보고 있었습니다. 최고의 동맹국인 이스라엘이 바뀐 중동 정세에 불안해하고 있지만 미국이 할 수 있는 것은 별로 없어 보입니다. 이 틈새를 타고 터키는 중동에서 자신들의 영향력을 키워 지역 맹주로 커가고 있습니다.

아시아에는 물론 중국이 있습니다. 2011년 여름, 중국은 항공모함을 공격할 수 있는 미사일을 소개하고 자신의 1호 항공모함을 띄웠습니다. 미태평양 함대에 갇혀 있는 형국을 타개하고 대만에 대한 자신들의 목소리를 높이겠다는 것이죠. 당장은 미국의 군사력을 위협하기엔 턱없이 부족하지만 시간이 지날수록 중국의 위상이 높아지리라는 데는 별 이견이 없습니다.

아프리카와 남미에서도 중국의 투자 증대와 지역 경제공동체의 성장이 맞물려 미국의 위상은 위협받고 있습니다. 특히 중남미에서는 미국의 영향력이 크게 쇠퇴했습니다. 1970~80년대만 해도 이 지역 독재자들은 반공주의자임을 자처하며 미국의 지원을 받아왔습니다. 냉전이 끝나자 이런 친미 독재자들은 힘을 잃었고 이에 따라 자연히 남미에서 미국의 영향력이 줄어들 수밖에 없었죠. 더군다나 경제적으로도 지역공동체 —Mercosur(브라질, 아르헨티나, 파라과이, 우루과이), CAN(볼리비아, 콜롬비아, 에쿠아도르, 페루)—가 강화되고 지역 경제가 남미의 국가들, 특히 브라질을 중심으로 성장하면서 남미는 서서히 스스로의 목소리를 키우고 있습니다. 더불어 최근 브라질, 베네수엘라, 페루 등에 좌파 정권이 들어서면서 반미 정서도 더욱 커졌습니다. 반대로 미국의 지역 맹주로서의 자리는 점점 작아지고 있죠.

미국이 당장 쇠락하리라고는 누구도 생각하지 않습니다. 하지만 미국의 위상이 흔들리고 있다는 데 반대하는 이도 드뭅니다. 한국이라는 우물 속에서 하늘로 여기는 미국은 땅 위로만 올라와 보면 이미 조각난 하늘임을 쉽게 알아차릴 수 있는 것이죠. 그런데 한국에선 그 조각난 하늘만 바라보면서 영어로 울고 웃는 셈입니다. 진정으로 세계화를 준비하는 것이 중요한 우리 사회의 목표라면, 정말로 세계와 교류하고 문화를 공유하고 소통하는 것이 우리의 목적이라면 영어공부를 열심히 하는 만큼 프랑스어, 중국어,

몽골어, 스와힐리어, 포르투갈어, 네덜란드어, 아랍어, 이란어 등도 열심히 해야 하고 사회는 이들을 응원하고 격려해주어야 할 것입니다.

세계화가 진행될수록 다양한 언어를 구사하고 각 문화를 잘 이해하는 인재들이 필요한 것이 당연합니다. 하지만 우리의 현실은 어떠한가요? 사회 전체가 영어라는 한 언어에 몰두하고 있습니다. 미국화가 세계화가 아닐진대 세계화를 위해 영어를 해야 한다는 말은 너무나 빤한 핑계일 뿐입니다.

한국인은 왜 영어를 배우는가

벌써 알고들 계셨을 겁니다. 영어는 세계화된 세상을 살아가는 방편으로 배우는 것이 아니라는 것을요. 대부분의 사람들은 이태원에서 미국 군인들과 흥정하려고 영어를 배우지 않습니다. 텔레비전에서 미국 드라마를 보거나 팝송을 따라 부르기 위해서 배우는 것도 아니죠. 싱가포르에서 친구를 만들기 위해 배우는 것도 아닐 것입니다. 호주에서 양털을 깎기 위해서 배우는 것도, 캐나다에서 스키를 타려고 배우는 것도 아닐 것입니다. 또 미국의 민주주의가 어떻게 운영되는지, 미국의 패션이 어떻게 흘러가는지를 알기 위해 영어를 배우지 않습니다. 그런 것을 하려고 새벽부터 힘들게 일어나 학원을 가고, 지하철 안에서 영어단어를 외우고, 비싼 돈 주고 토익을 준비하는 것이 아니라는 것을 알고 계셨을 것입니다.

영어공부를 하는 이유는 남들이 다 하니까 하는 것이죠. 남들이 다 하는 영어를 안 하면 국내에서 뒤처지기 때문입니다. 영어가 됐건 중국어가 됐건(어쩌면 20년 후엔 전부 중국어를 배우느라 난리일 수도 있겠습니다) 우리가 공부하는 외국어는 외국인과는 상관없는 국내용입니다.

우리의 영어는 대부분 진학과 취직, 승진을 위해, 한국 사람에게 보여줄 점수를 위한 영어인 셈입니다. 이런 내수용 영어를 위해 우리 학생들은 심각한 경쟁에 아주 어려서부터 뛰어들고 있고, 학교를 졸업한 어른들도 평생 학생으로 머무는 셈입니다. 참으로 심각한 사회적 낭비가 아닐 수 없습니다. 하지만 무엇보다도 이 문제가 심각한 까닭은 그 경쟁 자체가 사기인 까닭입니다. 사기라니, 무슨 소리냐고요? 다음 장에서는 왜 영어 경쟁이 사기인지 논의해보겠습니다.

영어 계급사회

가난한 사람들은 영어를 잘할 수 없다

07

경쟁사회, 우리는 사기당하고 있다

세계화 시대라고 떠들며 학생 모두를 영어의 전장으로 몰아가는 것은 조금만 생각해보면 사실 말도 안 되는 소리라는 것을 알 수 있습니다. 세계화 시대에는 오히려 다양한 언어를 구사할 수 있는 많은 사람들이 필요하고, 영어는 그 많은 언어들 중 하나일 따름이니까요. 우리의 영어에 대한 광기를 가만히 들여다보면 이러한 거짓말을 여러 군데에서 찾을 수 있습니다. 이미 책의 맨 앞에서 영어를 열심히만 하면 잘할 수 있게 된다는 것은 말짱 사기라고 말씀드렸습니다. 대부분의 사람들에게는 영어가 그렇게 쉽게 되는 것이 아니니까요. 안타깝게도 우리네 영어 광기에는 또 다른 거짓말, 사기가 숨겨져 있습니다. 이번 장은 그런 것들을 들여다보겠습니다.

한국 사회에서 영어는 주로 내수용입니다. 앞에서 본 것과 같이 그리고 우리 사회의 대부분이 경험했듯이 말이죠, 영어 점수는 학교 내신성적에 큰 영향을 미치고 대학과 직장 등 인생의 주요 관문을 통과할 때마다 사람들을 가르는 기준으로 사용됩니다. 당연히 열심히 하지 않을 수 없고, 영어 점수를 좀 더 잘 받기 위해 사람들은 치열한 경쟁을 합니다. 이 경쟁은 회사에 들어가기 위해서도, 회사에 들어가고 나서도 멈추지 않습니다. 그리고 우리들은 이런 식의 경쟁을 통한 진학과 승진, 즉 계급의 상승을 당연한 것으로 받아들이고 있습니다.

모든 사람들이 똑같이 나누어 가질 수 없으니 이런 경쟁에서 이기는 사람이 더 많은 과실을 가져가는 것이 맞다, 억울하면 더 열심히 공부해서 경쟁에서 이기면 된다, 많은 사람들이 이와 같은 주장에 좋건 싫건 공감하고 죽도록 영어공부를 하는 것이죠. 하면 된다는 사기와 영어가 중요하다는 거짓말에 속아 넘어간 것이라고 볼 수 있습니다.

그런데 여기에 또 하나의 사기가 기다리고 있습니다. 죽도록 하는 경쟁, 바로 그 경쟁이 공정하다고 믿는 것입니다. 대부분의 사람들은 그 경쟁에서 이길 가능성이 아주 희박합니다. 그런데도 많은 사람들이 희망이 있다고 굳게 믿고 있으니 기가 막힌 사기인 것이죠.

공정한 경쟁이 되기 위해서는 그 경쟁에 참여하는 모든 사람들이 같은 출발선에 서 있어야 합니다. 그래야만 출발한 후에 자신의 능력으로 누가 더 빨리 결승점에 갈 수 있는가를 겨루게 되는 것이죠. 갑은 결승점 바로 앞에 서 있고, 을은 출발선 뒤에 서 있다면, 승부는 뻔합니다. 을이 자신의 능력을 발휘하기도 전에 갑은 쉽게 결승점을 지날 테니까요. 공정한 경쟁이 아니죠. 시작하기 전부터 승자가 빤히 보이는 경쟁이라면 결코 공정하다고 말할 수 없습니다. 영국 프로축구 리그의 강자 맨체스터 유나이티드(흔히 맨유라고 불립니다. 영국 최고의 선수뿐 아니라 전 세계 국가대표 선수급들이 뛰고 있고, 그 중에는 한국 국가대표팀의 주장이었던 박지성도 포함되어 있지요)와 과천고교 축구부(2011년 MBC배 전국고교축구대회 우승팀)의 시합이 그렇다고 할 수 있습니다. 맨유의 승리가 뻔합니다. 공정한 경기가 될 수 없습니다. 공정한 경쟁이 되려면 맨유는 다른 프로 팀과, 과천고는 다른 고등학교 팀과 경기를 해야 하는 것이죠. 공정하지 않은 경쟁이 사기로 변하는 순간은 누군가가 과천고에게 맨유랑 한번 해볼 만하다고 부추길 때일 것입니다. 그리고 과천고 선수들이 그렇게 믿는 순간 그 사기는 성공합니다.

2011년 한 학생이 토플 시험에서 만점을 받았습니다. 저도 이 시험을 준비해봐서 알지만 만점이라는 게 무척 힘든 일입니다. 사실 만점이 가능한지도 몰랐습니다. 더욱 놀라운 것은 그 학생은 이제 중학교 1학년이고 게다가 연수는커녕 별도의 사교육도 받지 않았다는 겁니다. 당연히 화제가 됐습니다.[1]

그 학생은 꾸준한 공부를 성공의 이유로 꼽았습니다. 그 학생의 어머니는 생후 6개월부터 아이에게 영어 책을 읽어주었고 "좋아하는 영어 책을 즐긴다는 생각으로 많이 읽은 게 가장 중요했던 것"이라고 이야기하기도 했습니다. 그러면서 "한 달에 한두 번 서점에 들러 영어 책을 꼭 산다"며 "밥 먹으면서 미국 드라마를 보고 잠잘 때 팝송이나 CD를 틀어놓는데 그게 비결"이라고 말했습니다.

이 기사를 접한 많은 학생들의 마음은 어떨까요? 부럽겠죠. 어릴 적 영어 책을 읽어주지 않은 어머니를 원망할지도 모릅니다. 갑자기 팝송을 열심히 듣기도 하겠죠. 열심히 하면 만점은 못 받아도 훨씬 나은 점수를 받으리라 기대하며 또다시 마음을 다잡고 책을 붙들겠죠. 학원에 가고 사전을 뒤집니다. 하지만 점수가 올라가는 것은 더디기만 하고 점수가 안 나오면 속이 상하죠. 그렇지만 사실 속상해할 일이 아닙니다.

출발선부터 다른 그들만의 영어리그

예전에 제가 토플 시험을 치르러 갔을 때의 일입니다. 듣기 시험 시간이 됐습니다. 당연히 긴장됐지요. 따로 공부도 많이 못했고 영어 듣기를 딱히 잘하는 것도 아니어서 스피커만 뚫어져라 쳐다보며 긴장하고 있었습니다. 이윽고 벽에 걸린 스피커에서 시험 문제가 흘러 나왔습니다. 한참 집중해서 들으려고 하고 있는데 교실 저쪽에서 키득거리는 소리가 들렸습니다. 아니 젖 먹던 힘까지 다해서 들어도 안 될 판에 웃어? 나중에 보니 그 학생과 친구 몇 명은 유창한 영어로 대화를 하더군요. 아마도 교포였거나 유학생이었던 모양입니다. 아마도 그들에게는 일상생활에서 나오는 대화를 들려주는 그 영어 듣기 시험이 시험이라기보다는 한 편의 코미디였던 것이죠. 그때 전 아차 싶었습니다. 내가 아무리 해도 영어가 저들처럼은 안 되겠구나 하고요. 될 턱이 없죠. 저는 연수를 간 적도 없고 특히 영어 사교육을 받은 것도 아니었으니까요. 과천고 선수가 맨유의 존재를 각성하는 순간이었습니다.

아주 멀지 않은 옛날에는 영어공부라는 것은 고등학교에서 교과서의 문장과 문법을 외우는 것이 다였습니다. 고등학교 졸업과 함께 영어공부는 끝이 납니다. 대학을 진학한 사람들 중 취업 준비를 해야 하는 사람들이나 다시 영어공부를 했죠. 이때나 돼서야 영어로 글다운 글도 읽어보고 회화 같은 것에도 신경을 쓰곤 했습니다. 이처럼 영어공부라는 것이 대입과 동시에 중단되었다가 졸업을 코앞에 두고 다시 시작하는 풍경은 이제 대학생들이 도서관에서 담배 피우던 시절의 이야기가 되어버린 듯합니다.

세상이 달라져서 지금은 너도나도 영어공부를 하죠. 경쟁이 날로 치열해지고, 그래서 경쟁의 시작도 점점 더 빨라지고 있습니다. 경쟁에서 승리하기 위해서는 조금이라도 빨리 경쟁을 시작하고, 시간도 더 많이 쓰고, 그 질도 더 높이는 것입니다. 옆집에서 중학교 2학년에 영어 사교육을 시작하면 우리 애는 중학교 1학년에 시작하게 하고 싶고, 윗집에서 두 시간을 시키면 우리 애는 두 시간 반을 시키고, 아랫집에서 영어 캠프를 보내면 우리 애는 영어 연수를 보내는 것이죠. 그렇게 해서라도 우리 아이의 영어 실력이 조금이나마 경쟁력을 가질 수 있게 하려는 것이죠.

하지만 이런 식의 경쟁은 결국 더 많이, 더 일찍 영어를 시킬 수 있는 집안의 승리로 끝나기 쉽습니다. 너도나도 이 경쟁에 뛰어들지만 이미 그 출발에서부터 이 경쟁이라는 것은 공정할 수 없습니다. 과천고와 맨유의 경기이기 때문입니다. 점점 더 일찍 영어공부를 시키는 것은 그 자녀가 점점 더 오랫동안 영어공부를 한다는 뜻입니다. 고등학교 3년 동안 시킬 영어공부를 있는 집안에서는 중학교 때부터 시작해 6년을 시킬 테고, 더 여유가 있는 사람들은 초등학교 1학년에서부터 12년 동안 영어에 온갖 관심과 돈을 쏟아 부을 테니까요. 최상위 계급의 사람들은 12년을, 그것도 최고급으로, 제일 비싼 영어 교육을 해서 아이가 저만치 앞서 갈 수 있도록 합니다. 고등학교 몇 년 해서는 따라가려야 따라갈 수 없는 수준이 되는 것이죠. 이런 최상의 영어 교육을 받은 아이들과 평범한 집안의 아이들의 경쟁이 과천고와 맨유의 경기와 뭐 그리 많이 다를까요? 답을 얻기 위해 맨유가 뛰고 있는 영국의 프리미어리그가 아닌 '그들만의 영어리그'를 살펴보겠습니다.

앞서 살펴본 대로 자녀 교육에 들어가는 영어 사교육비는 평균 1,000만 원이 넘게 쓰이고 있습니다. 물론 이는 평균치이므로 훨씬 더 많은 돈을 쓰는 사람도 있습니다. 앞부분에 나온 박양의 가정에서는 3,100만 원을 썼지요. 물론 1,000만 원은 고사하고 제대로 된 영어 사교육을 받아본 적이 없는 학생들도 부지기수일 것입니다. 실제로 영어 사교육비로 월 소득 100만 원 이하 가정은 한 달에 1만 6,000원을 쓰고 700만 원 이상인 가정은 16만 3,000원을 쓰고 있습니다. 이게 12년간 쌓이면 소득 100만 원 이하 가정에선 영어에만 230만 원이 나가고 월 소득 700만 원 이상 가정은 2,300만 원을 쓰는 셈입니다. 대학교에 들어가기 전부터 영어에 들어가는 돈이 장난이 아님을 쉽게 알 수 있습니다.

그런데 사교육은 그들만의 영어리그의 한 부분일 뿐입니다. 또 다른 모습, 그리고 어찌 보면 가장 중요한 장면은 제도화된 학교 교육에서 나타납니다. 상류층은 영어 과외를 시키는 데 만족하는 것이 아니라 자녀들을 아예 특수한 학교에 보냄으로 해서 특화된 학교 교육을 자녀들에게 제공하죠. 다들 같이 공부하다 일부가 자투리로 영어 사교육을 받는 것이 아니라 이들은 아예 일반 학교에서 사라지게 되는 것입니다. 그리고 그들끼리 모여 보통 학생들이 다니는 학교에서는 받기 힘든 교육을 받으며 성장합니다.

외국어고, 국제중… 질이 다른 경쟁

그럼 이런 특수한 학교들이 얼마만큼 우리 사회에 퍼져 있는지 살펴보죠. 가장 눈에 띄는 특수한 학교는 아무래도 외국어고등학교라고 할 수 있죠. 외국어를 특화해서 가르치는 외국어고등학교는 보통 다양한 외국어를 가르치지만 외국어고등학교의 눈부신 성장에는 무엇보다 영어가 가장 중요한 원동력이었음은 두말할 필요도 없을 겁니다.

외고는 1984년 대일외고와 대원외고가 개교를 한 이래 꾸준히 성장해왔습니다. 〈표 7-1〉을 보시죠. 1984년 이후 1980년대 말까

표 7-1 | 전국 외국어고등학교 누적 수

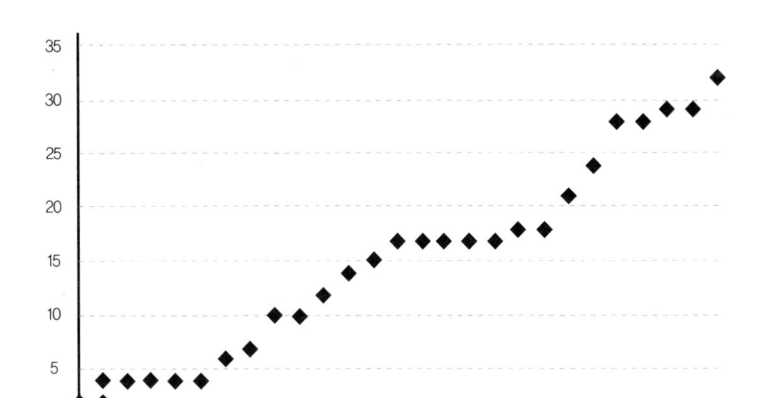

지는 모두 4개의 외고만이 있었습니다. 그러다가 1997년에는 17개로 늘었고 2000년대에 들어서면서 크게 늘기 시작합니다. 그리고 2002년에 18개 학교로 늘어난 후 불과 10년 사이에 외고의 수는 32개로 확 늘어난 것을 볼 수 있습니다. 이는 가파르게 증가하는 영어 교육에 대한 수요를 반영하는 것입니다.

이 중 가장 오래된 대원외고를 보면 영어과, 독일어과, 프랑스어과, 스페인어과, 중국어과, 일본어과로 나뉘어 있지만 역시 제일 학생 수가 많은 것은 영어과죠. 명문 고등학교답게 가르치는 영어도 보통 고등학교와는 다른 듯합니다. 영어과의 성과를 홍보

하는 이야기를 들어보면 "1998년에 시작한 해외 대학진학프로그램Global Leadership Program을 통하여 이미 250여 명이 하버드, 예일, 프린스턴 대학 등 미국의 30위권 이내 명문 대학으로 진학"[2] 했다고 합니다. 이 정도면 미국 명문 사립고등학교와 견줄 만합니다.

이뿐만이 아닙니다. YTN-HUFS 고등학생 영어토론대회 우승(2011.8.30), 제10회 국제 영어경시대회(논술 부문) 전국 대상 수상(2010.8.21), 제19회 전국 영어-수학 학력경시대회 최우수학교상 수상(2010.6.3) 등 각종 영어 대회 수상 경력도 화려합니다.[3] 이를 통해 이 학교에서 받는 영어 교육이 보통 학교에서 받을 수 있는 영어 교육과는 질적으로 다르리라는 것도 쉽게 짐작할 수 있습니다.

외고의 성장이 1990년대 말에서 2000년대 초반까지의 현상이라면 2000년대 후반 눈에 띄는 것은 국제중학교의 등장입니다. 국제중은 국사 등 일부 과목을 제외하고는 모두 영어로 수업을 진행하는 것을 목적으로 하는 학교로 경기도에 있는 청심국제중학교를 시작으로 2011년 현재 서울에 대원중학교, 영훈중학교, 부산에 부산국제중학교 등 4개 학교가 문을 열었습니다.

2008년 공정택 당시 서울시교육감이 서울에도 국제중학교를 열겠다고 했을 때 찬반 열기가 뜨거웠지만 결국 두 곳이 문을 열게 되었습니다. 당시 공정택 교육감은 서울의 인재들이 경기도로 빠져나간다고 안타까워했다는데 이는 바로 청심국제중학교를 가리키는 말이었습니다.

청심국제중학교는 2006년 문을 연 이후 입학 경쟁률이 보통 20대 1을 오르락내리락할 만큼 큰 인기를 누렸습니다. 이런 인기는 이 학교의 획기적인 교육 방식에 기인합니다. 영어를 가르치는 것이 아니라 영어로 공부를 하는 것을 표방하고 있죠. 이 학교는 교과서도 일반 교과서가 아닌 미국 유명 사립학교에서 쓰는 교과서를 사용하며 "미국에서 이뤄지는 교육과 동일한 교육"[4]을 제공하는 것을 목표로 하고 있습니다. 원어민 교사의 비율도 20%를 넘고 석사와 박사학위 소지자의 비율도 80%에 달합니다. 물론 학교 건물도 웬만한 대학 건물 뺨칠 정도죠. 교사의 해외 견학, 해외 학교의 자매결연 등 국제화를 위한 노력에서도 빠지지 않습니다. 보통 중학교로서는 상상하기 힘든 교육 환경입니다.

영어에 목을 매는 우리 사회에선 이러한 국제중은 그야말로 선망의 대상이 아닐 수 없습니다. 당연히 국제중에 들어가려는 경쟁이 치열해지고, 덕택에 초등학교로 그 경쟁의 불길이 활활 타 내려갑니다. 외고에 가려면 국제중이 지름길이라는 인식이 퍼지면서 초등학교에서 경쟁이 불붙게 된 것이죠. 청심국제중학교 입시를 준비하고 있는 한 초등학교 6학년 수험생의 일과를 들여다보죠.

> "변양은 학교에서 귀가하는 시간인 오후 3시가 되면 학원으로 직행한다. 오후 8시까지 월·수·금은 영어 토론Debating, 화·목·토는 수학 심화 수업을 듣는다. 단순한 선행학습이라고 생각하면 오산이다. 변양은 중학교 2학년 과정인 '수학 8-가' 과목을 중학생 언니·오빠들과 함께 공부한다. 영어는 독도·광우병 논란, 고유가 문제와 같은 최신 시사 내용을 주제로 에세이를 쓰고 친구들과 의견을 나눈다. 집에 돌아와서도 공부는 끝나지 않는다. 두 시간여 동안 CNN 뉴스를 청취하고 청소년용 영자 신문을 꼼꼼히 읽어야 한다. 학원 숙제와 영어 일기 작성까지 끝마쳐야 자정 무렵 겨우 잠자리에 들 수 있다. 6월 말 1년짜리 캐나다 영어 연수를 마치고 돌아온 이후 매일 반복되는 일상이다."[5]

저는 제가 고3 수험생 때도 변양처럼 공부했나 싶습니다. 그런데 초등학생들의 영어 열기는 이런 국제중을 목표로 한 수험생에게만 국한된 것이 아닙니다. 이미 상당수 초등학교에서는 영어 몰입교육을 시작했죠. 가장 대표적인 곳이 영훈초등학교입니다. 이미 1996년부터 영어 몰입교육을 시작하여 이제는 영어로 하는 수업이 별 무리 없이 진행되고 있다고 합니다. 2008년 현재 한국인 교사 29명, 원어민 교사 31명, 그리고 음악·미술 등 교과 담당 교사 10명이 근무하고, 한 학급마다 한국인 교사와 원어민 교사가 1명씩 배치되어 있습니다.

학생들의 영어 실력은 4학년이 되면 필기체로 영어 작문 교육을 시작할 정도가 됩니다. 여기서 영어는 언어일 뿐입니다. 즉 영어로 거의 모든 수업을 자연스레 하게 하는 것이 학교의 목표인 것이죠. 당연히 강남의 유명 유치원이나 학원가에서는 영훈초등학교에 대한 소문이 자자합니다. 이러니 다른 초등학교에서 가만히 있을 리가 없습니다. 2008년 이미 서울교육청 산하 32개의 초등학교(공립 13개교, 사립 19개교)에서 영어 몰입교육을 하고 있었습니다.[6]

가난한 학생들은 갈 수 없는 학교

이러한 특화된 학교에 모든 학생들이 들어갈 수 없는 것은 당연합니다. 어떤 잣대를 통해 원하는 입학생을 선택하겠죠. 그 잣대 중 '그들만의 영어리그'를 가장 확실하게 그들만의 것으로 만드는 것이 바로 큰 비용입니다. 영어 사교육에 돈이 많이 들듯이 이런 영어 특수학교를 보내는 데는 엄청난 자본이 필요합니다. 이러한 자본이 없는 경우에는 이 리그에 발을 들여놓는 것조차 굉장히 힘들게 되죠.

그럼 얼마만큼의 자본이 들까요? 한 조사에서 밝혀진 고교별 학생 1인 당 연간 납부액(등록금+수익자부담금)을 보면 경기외고는 1천 1만 원, 김포외고와 용인외고도 각각 995만 원과 907만 원으로 1,000만 원에 육박하는 것으로 나타났습니다.[7] 입학금과 수업료 등 순수 등록금이 가장 비싼 곳은 대원외고(468만 원)였고, 경기외고(444만 원), 인천외고(439만 원), 서울 한영외고(435만 원) 등이 그 뒤를 따랐습니다. 국공립대는 물론 일부 사립대 등록금보다도 많은 액수입니다.

한 계산에 따르면 일반 고등학교 3년간 학부모가 내야 하는 돈이 777만 원이라고 합니다. 그러나 국제고등학교나 외국어고등학교의 비용은 평균으로만 잡아도 일반 고등학교의 3배 가까이 되는 1,992만 원이 든다고 합니다.[8] 거기다가 중학교도 국제중으로 보낸다면 더 많은 돈이 드는 것은 당연합니다. 일반 중학교 3년간 학부모가 내야 하는 돈은 228만 원, 그러나 국제중학교는 일반 학교의 10배가 넘는 2,778만 원이 든다고 합니다.[9]

국제중도 가장 비싼 청심국제중학교 같은 경우에는 이보다 훨씬 많은 돈이 들어갑니다. 이 학교는 통일교 재단의 재정적 뒷받침이 있음에도 "1년 수업료 436만 4,000원(입학금 포함) 외에도 매달 70

만 원씩 내는 기숙사비, 방과 후 학교와 '1인 1악기' 프로그램 비용, 교복과 미국 교과서 구입비, 수학여행비 등을 합치면 1년에 들어가는 돈이 약 1,700만 원에"[10] 이릅니다. 3년이면 5,000만 원이 넘어갑니다.[11]

영훈초등학교도 마찬가지입니다. 1분기(3개월) 등록금만 168만 원, 여기에 교복, 스쿨버스, 급식비를 더하면 1년에 교육비로 약 800만 원 정도가 됩니다. 6년이면 5,000만 원 가까운 돈이 되죠.

보통 사람들이 자식 한 명을 학교에 보내는 데 돈이 얼마나 들까요? 위에서 언급한 조사를 다시 정리해보면 공립 초등학교 6년에 드는 돈은 330만 원 정도이고 이어서 일반 중학교 3년에 228만 원, 일반 고등학교는 777만 원이 듭니다.[12] 총 1,342만 원입니다. 하지만 자식의 경쟁력을 위해 좀 나은 학교에 보내려면 훨씬 더 많은 돈이 듭니다. 사립 초등학교는 3,290만 원이 들고 국제중학교는 일반 학교의 10배가 넘는 2,778만 원, 국제고등학교나 외국어고등학교 역시 일반 고등학교의 3배 가까이 되는 1,992만 원이 드는 것으로 나타났습니다. 이를 다 더해보면 8,062만 원입니다. 여기서 한 발 더 나아가 최고의 학교에 보낸다고 쳐보죠. 영훈초등학교는 5,443만 원, 청심국제중학교는 3,636만 원, 그리고 민족사관고는 4,825만 원이 듭니다. 이렇게 최고의 코스로 학교를 보내면 약 1억 4,000만 원이 듭니다. 일반 학교와 비교해서 10배

표 7-2 | 계층별 초 · 중 · 고등학교 학비 비교(단위: 만원)

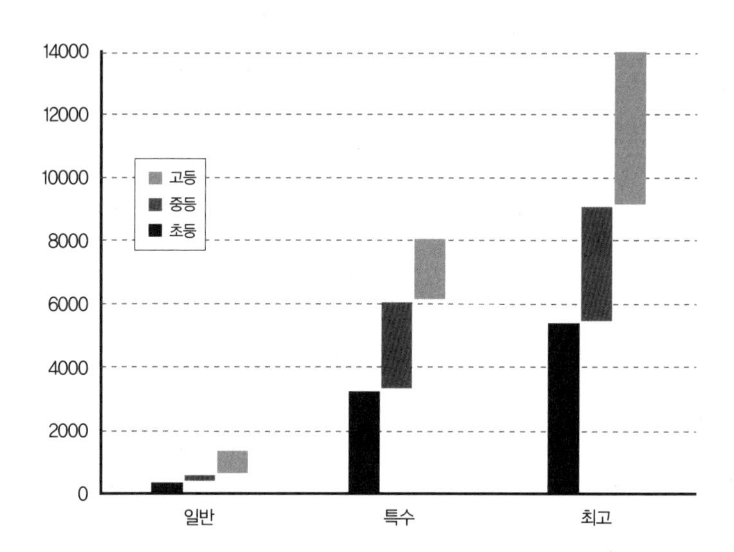

가 넘는 비용입니다. 아무나 쓸 수 있는 돈이 아닙니다. 이 정도 돈이 설사 수중에 있더라도 자녀의 교육에 다 쏟아 붓기는 쉽지 않을 큰돈입니다. 〈표 7-2〉는 '그들만의 영어리그'와 보통 사람들의 차이를 잘 보여줍니다.

그런데 이것만 가지고 '그들만의 영어리그'라고 말하기엔 좀 부족해 보입니다. 그도 그럴 것이 위 계산은 해외 조기유학과 국내 조기유학은 다루지 않았기 때문이죠.

먼저 해외 조기유학을 살펴보겠습니다. 많은 학생들이 다양한 이유로 조기유학을 떠납니다. 미국, 캐나다 등 북미 지역이 교육의 질과 주거 환경 등의 이유로 가장 인기가 높지만 비용이 그만큼 많이 들기 때문에 다른 영어권 나라나 영어 학교가 있는 곳으로 자녀를 유학 보내는 일이 많습니다. 유학 기간도 다양합니다. 단기 연수도 있고, 한두 해 가 있는 경우도 있죠. 길게는 중고등학교 과정을 마치고 바로 대학으로 진학하는 경우도 있습니다.

물론 교육의 질도 다양합니다. 미국 같은 경우는 시민권이나 영주권이 있는 경우에는 공립학교에도 갈 수 있지만 그렇지 못하면 기숙사가 있는 사립학교로 가야 합니다. 이런 경우 많은 돈이 듭니다. 기숙사 학교 중 미국 최고의 명문 고등학교인 초트 로즈메리 홀Choate Rosemary Hall을 예로 들어보겠습니다. 이 학교는 홍정욱 의원의 《7막 7장》이라는 책에서 자세히 묘사되어 있는 덕에 국내에 매우 유명해졌죠. 최고의 명문답게 입학도 까다롭고 명문대학의 진학률도 높습니다. 웬만한 대학 캠퍼스 뺨치게 아름답고 큰 캠퍼스와 작고 효율적인 수업, 적극적이고 다양한 학생 활동으로도 아주 유명합니다. 물론 그런 만큼 가격이 높습니다. 2010~2011년 학비와 기숙사비가 미국 돈으로 4만 5,070달러입니다.[13] 용돈, 여행 등으로 드는 돈도 있고 하니 여기에 한 1,000달러를 더해보죠. 게다가 방학 때면 문을 닫으니 한국으로 오는 경우가 많습니다. 그러면 비행기 값이 또 들겠죠. 이래저래 고등학교 1년에 5만 달러 가까운 돈이 들어가는 셈입니다. 3년이면 15만 달러. 미국식으로 4년을 보내면 20만 달러입니다. 한국 돈으로 따지면 대략 2억 원 정도네요. 물론 여기에는 학교 인터뷰를 위해 입학 전에 부모와 함께 미국에 오는 경비, 중간에 학생들의 중요한 행사(졸업식, 학부모 주간 등)에 부모가 오는 경비는 제외한 것입니다. 앞에서 본 한국에서의 최고의 교육이 초등학교부터 고등학교 졸업까지 1억 4,000만 원이 든다고 예측했는데, 그 돈으로는 이 고등학교에 보내지 못하는 셈입니다.

국내 조기유학은 말 그대로 유학은 유학이되 국내에서 이루어지는 것을 말합니다. 바로 외국인학교로 가는 것입니다. 외국인학교는 원래 초중등교육법에 따라 외국인 자녀들에게 각 나라의 민족교육을 지원하기 위해 설립된 학교이고, 현재 전국 48개 교(영미권이 26곳)에 1만여 명이 재학 중입니다.[14]

그런데 영어 광풍은 이들 학교를 해외 유학의 대안으로 만들어 놓았습니다. 덕택에 해외 거주 경력이 3년 이상이 되어야 입학 자격이 주어지는 내국인들의 비율이 25% 정도나 이르게 된 것이지요. 이들 학교에 입학하면 국내 학교로의 진학은 포기해야 하는 경우가 대부분입니다. 국내에서는 대부분 학력도 인정되지 않고 교과 과정도 해당 국가에 맞춰서 진행되기 때문입니다. 그렇지만 바로 그 점 때문에 미국 대학에 자녀를 보내고 싶어 하는 사람들이 이 외국인학교에 눈독을 들이고 있는 것이죠. 외국인 신분이 있어서 비교적 쉽게 입학할 수 있고, 동시에 미국 교과 과정을 멀리 태평양 건너가 아닌 국내에서 마칠 수 있다는 것은 큰 장점이 아닐 수 없습니다.

물론 이런 특권이 값싸게 올 리는 없겠죠. 한국국제학교Korean International School를 예로 들어보겠습니다. 미국의 유명 사립학교를 그대로 옮겨놓은 듯한 학교에서 미국 교육을 미국인 선생님[15]에게 받는 데 드는 돈은 상당합니다. 고등학교 학비는 18,380,000원 더하기 미화 9,000달러(9,693,001원), 즉 28,073,001원, 중학교는 23,602,120원, 초등학교는 22,608,250원, 유치원은 20,515,890원입니다. 만약 유치원부터 시작해서 고등학교까지 다 마친다면 얼마나 들까요? 등록금만 3억 원이 넘는 337,171,390원입니다. 미국식으로 고등학교 4년만 보내도 1억 1,000만 원이 넘습니다. 여기에 입학비와 시험수수료 등을 대충만 더해도 700만 원 정도가 또 추가됩니다.[16] 감히 범인이 넘볼 수 있는 돈이 아닌 것이죠.

이미 승패가 정해진 영어 경쟁

이런 '그들만의 영어리그'에 들어가야만 영어를 잘할 수 있는 것은 아닙니다. 맨 앞에서 본 토플 만점의 주인공이 그 예죠. 그렇지만 과연 그 학생처럼 사교육 없이 혼자 공부해서 영어를 잘하게 된 사람이 얼마나 될까요? 아주 없는 것은 아니겠지만 신문이나 적어도 학교 또는 동네에서 화제가 될 정도의 숫자겠죠. 대부분은 돈을 들인 만큼 영어를 할 것입니다. 설마 안 믿는 것은 아니죠? 2010년 수능시험에서 외국어 표준점수(140점 만점)를 서울 25개 구별로 분석한 결과 소득수준이 높은 강남구(110.28)와 서초구(109.90)가 1, 2위를 차지했고 소득수준이 상대적으로 낮은 구로구(91.621)와 금천구(88.75)는 최하 점수를 받았습니다.[17] 이런 영어 성적의 격차는 자연스레 대학 진학과 연결됩니다. 영어가 (예능 과목과 더불어) 다른 과목과는 달리 돈으로 실력 차이를 벌리기 쉬운 탓입니다.[18]

서울대학교, 연세대학교, 고려대학교, 소위 SKY라 불리는 곳과 함께 서울 주요 대학을 보낸 '성공'을 따져보면 강남 학교들이 확연히 눈에 띕니다. 주요 대학 10곳(서울대, 연세대, 고려대, 서강대, 성균관대, 한양대, 이화여대, 중앙대, 카이스트, 포스텍)이 2011학년도 수시

모집 때 실시한 입학사정관 전형에서 서울 자치구 가운데 부유한 곳이 평균보다 훨씬 많은 합격생을 배출했습니다. 사교육 특구로 불리는 강남3구(강남, 서초, 송파)와 목동이 있는 양천구가 그곳인데요, 강남구 같은 경우에는 학생 100명 당 2.6명을 입학시켜 1위로 올라선 반면 하위 13구는 그 수가 채 1명이 안 됐습니다. 강남구의 학생 100명 당 합격자 수는 가장 적은 자치구의 무려 6배에 이르렀습니다.

서울대학교 입학생만 봐도 이들 강남의 학교들과 특수한 학교들이 얼마나 '성공'적인 성적을 냈는지 알 수 있습니다. 한 분석에 따르면 일반계고 중에서는 서울대학교 합격생 배출 상위 10곳 중 7곳이 강남에 있는 고교였습니다.[19] 게다가 외고, 과학고, 예술고 등 특목고 출신 합격자 비율이 전체의 28.1%인 968명이었습니다. 서울대학교 합격자 네 명 중 한 명은 특목고 출신인 셈입니다. 전체 고등학교 중 가장 많은 신입생을 배출한 곳은 89명을 합격시킨 서울예고였고, 이어 대원외고(70명),[20] 세종과학고(49명), 한성과학고(46명), 용인외고(44명), 한국과학영재학교(41명) 등이었죠.

대학입시뿐만이 아닙니다. 투자와 영어 실력의 순 관계는 토익 같은 표준 시험을 통해서도 드러납니다. 토익은 말하기 또는 쓰기 시험을 한 번 보는 데 6만 4,600원(2011년 7월 현재), 두 개를 같이 보면 8만 6,800원이 듭니다. 물론 이를 보기 위해 학원을 다녀야 하고 교재를 사야 합니다. 서울 모 대형 학원의 한 초급반이 20만 원이네요. 한 중급 과정은 40만 원. 시험 한 번 준비하는 데 교통비 등을 포함하면 100만 원 정도는 쉽게 들어갑니다. 집안이 넉넉하지 않은 학생이나 박봉의 회사원들로서는 큰 부담이 아닐 수 없습니다. 당연히 여유 있는 사람들처럼 시간과 돈을 많이 쓸 수 없습니다. 반대로 상류층은 그들이 어려서부터 받은 수준 높은 교육에다 돈과 시간의 여유까지 생각해보면 남들보다 더 좋은 점수를 받는 것은 당연한 일입니다.

실제로 한 조사에 따르면 가구의 월 평균 소득이 100만 원 증가할수록 그 자녀의 점수는 21점씩 올라갔습니다. 이뿐만 아니라 부모의 학력과도 연관이 있었습니다. 두 부모가 모두 대졸자인 경우 그 자녀의 평균 토익 점수는 741.9점이었고 부모 모두 고졸 이하인 학생들은 667.6점이었습니다. 74.3점이나 차이가 나는 것이죠.[21]

한국에서 영어가 출세에 얼마만큼 중요한가를 생각해본다면 이 장에서 살펴본 소수만이 가능한 엄청난 투자와 그에 따른 성취는 우리 사회의 중요한 면을 보여줍니다. 물론 영어가 중요했던 것은 어제오늘 일이 아닙니다. 옛날에는 영어사전 한 장에 있는 단어를 다 외우고 그 장을 찢어 씹어 먹었다는 전설적인 영어공부도 있었죠. 믿기 힘든 공부에 대한 열정이지만, 또 거꾸로 생각해보면 아무리 열심히 해도 고작 할 수 있는 것이라곤 그런 비효율적인 방법밖엔 없었던 것이죠. 그러니 누구라도 마음만 먹으면 최고의 영어공부를 할 수 있었던 것입니다. 제가 고등학교를 다닐 때에도 공부를 제일 잘하는 동무가 하던 것은 남들이 《성문기본영어》를 보고 있을 때 기껏해야 《성문종합영어》를 보는 것이었습니다.

하지만 모든 사람들이 고만고만한 방법으로 비슷하게 공부하던 시대는 신자유주의가 불러온 경쟁적인 교육산업이 들어오면서 끝이 났습니다. 그 결과 하루가 다르게 격해지는 경쟁만이 있을 뿐입니다. 소수의 대학생들이 영어의 중요성에 눈을 뜨고 연수 등으로 앞서 나가자 하위계층 대학생들도 곧 따라하기 시작했습니다. 그에 따라 자연히 차별성이 없어지자 상류층은 자식들을 한 발 더 일찍 출발시킵니다. 외고의 증가와 조기유학의 시작이 그 예입니다. 하지만 이것도 하위계층에서 따라하기 시작합니다. 이마저도 점점 상류층을 차별화하지 못하게 되자 그들은 특화된 중학교에서 답을 찾고, 그마저도 안 되자 초등학교, 유치원, 유학 등 더욱 고비용의 교육으로 자신들의 우위를 유지할 수 있는 길을 찾습니다. 물론 보통 사람들이 이들을 따라가는 것은 점점 더 버거워집니다. 마치 밥도 굶고 돈을 모아서 기껏 루이비통 지갑을 장만하니까 있는 사람들은 국내에서는 아직 출시도 되지 않은 최신 샤넬 여행 가방을 파리에서 직접 사서 들고 오는 꼴이죠.

'그들만의 영어리그'에 들어 있는 사람들은 말 그대로 돈을 수억씩 써가며 자녀의 경쟁력 강화에 몰두합니다. 이러니 보통 사람들이 아무리 나름 열심히 책을 사보고 버스 안에서 영어 프로그램을 듣는다고 해도 그들의 영어 실력을 따라가는 것은 점점 더 힘들어질 수밖에 없습니다. 과천고와 맨유의 축구 경기만큼, 아니면 그보다 더 공정하지 못한 경쟁입니다. 하지만 우리는 이 경쟁 속에서 괴로워하고 돈을 쓰면서도 애초에 이기기 힘든 경쟁이라는 것을 깨닫지 못하고 있는 경우가 많습니다. 사기를 당하고 있다는 것도 모르는 이 상황, 사기는 완벽한 성공을 거두고 있는 셈입니다.

"영어 하나만 잘하면 돼!"

08

우리 인생에서 영어가 차지하는 순위

우리는 영어가 여러 가지로 쓰임이 많은 사회에 살고 있습니다. 그러니 영어를 가지고 사기를 쳐도 쉽게 넘어가는 것이겠죠. 하지만 문제는 영어가 도대체 얼마만큼 중요하냐는 것이겠죠. 그럼 어느 정도 가치가 있을까요? 돈으로 치면 1억 원 정도 될까요? 시간으로는 3년? 맞는 것 같기도 하고 아닌 것 같기도 하고 좀 애매합니다.

영어의 가치를 정확이 가늠하기 힘들다는 것은 그만큼 많은 사람들이 영어에 얼마만큼의 돈과 시간을 투자해야 할지 정확히 알 수 없게 만듭니다.

그럼 대충이라도 그 값을 매겨보죠. 정확한 숫자로 영어의 가치를 정하는 것은 쉽지 않지만 어떤 것과의 비교를 통해서 그 중요도를 가늠할 수 있을 법합니다. 예를 들어 목숨과 비교하면 유창한 영어는 그다지 중요하지 않습니다. 유창한 영어가 아무리 값지다고 해도 목숨과는 바꿀 수가 없죠. 대신 친구 전부와 비교해봐서는 어떨까요? 영어가 자신의 친구들보다 중요하다고 하는 사람은 없을 것입니다. 그러면 소형 승용차 한 대는 어떻습니까? 소형 승용차 한 대를 갖느니 유창한 영어를 선택하는 분이 많을 듯싶네요. 그렇다면 이런 분들에게는 유창한 영어를 구사하는 것이 당장 소형차를 갖는 것보다 높은 가치를 지닌다고 할 수 있습니다.

자 그럼, 좀 엉뚱한 질문이지만 친구들과 가족의 행복은 어떻습니까? 지금 이 글을 읽는 분이 가족과의 갈등이 심한 10대 청소년이라면 친구들이 더 중요하다고 말할 수도 있지만 사실 가족이 주는 심적, 물적 안정은 누구와도 비교하기 힘들죠. 위의 가치 순위를 정리해보겠습니다.

목숨 〉 영어
친구들 〉 영어

영어 〉 소형차

가족 〉 친구들

만약에 이런 비교가 말이 된다고 생각하신다면 다음과 같이 한 줄로 정리할 수 있습니다.

목숨 〉 가족 〉 친구들 〉 영어 〉 소형차

자, 위의 가치 순서를 한번 가만히 생각해보시죠. 잘 생각해보셨나요? 글을 더 읽기 전에 위의 순서를 다시 한 번 생각해보세요.

위 순서에서 영어는 생각보다 밑에 처져 있습니다. 가족의 화목뿐 아니라 친구들보다도 밑이니까요. 이건 참 당연한 일이기도 합니다. 하지만 어찌된 일인지 이렇게 평범한 가치판단이 실제에서는 뒤죽박죽되는 경우가 흔한 듯합니다.

이번 장에서는 영어가 아무리 중요하다고 해도 우리가 빠져드는 것만큼 중요하지 않다는 너무나 평범한 사실을 새삼스레 돌아보겠습니다. 그러기 위해서 이런 평범한 사실을 잊은 채 감당하기 힘든 대가를 치르고 있는 우리 사회의 모습을 돌아보는 것이 필요합니다.

미국 조기유학, 가정이 파탄나기도

미국으로 간 지 얼마 되지 않아 한 가정을 방문했습니다. 그 집은 유학생이던 저희와는 완전히 다른 가정이었습니다. 사업이 크게 성공해서 집도 말 그대로 대궐 같았고 차도 보통 사람들은 몰 수 없는 비싼 차가 두 대나 있었습니다. 바깥어른은 흔히 보는 아저씨가 아닌 멋진 신사였죠. 한참이나 어린 저희에게도 예절을 잊지 않는 보기 드문 분이셨고 그분의 영어 실력도 깜짝 놀랄 정도였습니다. 아내 분도 자상하시고 저희를 따뜻하게 맞아주셨습니다. 놀란 것은 저녁 식사 때였습니다. 십대의 두 딸이 있었는데 대화는 그들의 아버지하고만 이어졌습니다. 부녀간의 대화에 어머니가 낄 자리는 전혀 없어 보였습니다. 모녀간에 대화가 없는 것뿐만 아니라 그녀들이 어머니를 무시하는 듯한 인상을 받았습니다. 저희가 알 수 없는 여러 이유가 있겠지만 가장 큰 이유는 그 어머니가 영어를 거의 하지 못하는 것이라고 생각할 수밖에 없었습니다.

아이들은 한국말을 전혀 하지 않았습니다. 아이들이 자라서 머리가 커지고 그만큼 복잡한 영어를 구사하니 나이 들어 이민을 와서 전업주부로 살림만 돌보던 어머니가 아이들과 대화하는 것이 불가능해졌던 거죠. 한국말로 대화해도 쉽지 않은 엄마와 십대 소녀들의 사이가 삐걱거리는 영어로 잘 풀릴 수는 없었겠지요.

제 아내와 저는 너무 마음이 불편했습니다. 친구도 친척도 없는 먼 타향에서 가족은 정말 망망대해의 섬 같은 곳이죠. 하지만 이 섬에서마저 화목할 수 없다면 사람 사는 것이 아니거든요. 막 유학 생활을 시작해서 영어를 잘하는 것이 너무나 큰 바람이었던 저희에게 영어를 아무리 잘해도 다가 아니라는 것을 느끼게 해준 중요한 첫 경험이었습니다. 게다가 먼 남의 일이 아니었습니다. 당장 저희에게도 닥칠 수 있는 미래였죠. 이날 이후 제 아내는 첫째 아이에게 한국어를 가르치는 데 많은 공을 들였습니다. 저희에게는 큰 반면교사였던 셈이죠.

이분들이야 원래 미국에 사니 영어로 인한 소통 장애가 있을 수 있을 겁니다. 그리고 딱히 손쉬운 대안이 있는 것도 아니고요. 하지만 아이들 교육 때문에 한국에서 먼 미국으로 온 분들의 가정에서 이런저런 딱한 사정을 볼 때면 참 기가 막혔습니다. 다른 것은 몰라도 애들 영어 하나는 잡겠다고 미국까지 와서 가정 자체가 흔들거리는 것을 여러 차례 봤기 때문입니다.

이런 분들의 가정을 보면 대체로 어머니가 홀로 아이들을 데리고 장기간 머무는 경우가 많습니다. 아버지는 가족들의 교육비, 생활비를 대느라 혼자 한국에 남는 것이죠. 미국 비자를 얻기 위해서 어머니가 대학교에 등록을 하고 학생 신분을 유지하기도 합니다. 그러면 미국에 합법적으로 체류할 수 있고 더불어 자녀들을 공립학교에 보낼 수 있죠. 이때 많은 어머니들은 사실 학교에서 쫓겨나지 않을 정도로 출석만 하며 애들 뒷바라지를 주업으로 삼게 됩니다.

이렇게 타지에서 혼자 애들을 건사하는 것이 쉬울 리 없습니다. 학교 도시락을 챙겨야 하고 등하교도 시켜야죠, 매일같이 날아오는 서류도 확인하랴, 말도 안 통하는 학교 선생님도 만나랴, 애들 학교 일만 해도 보통 일이 아닙니다. 여기에 자신의 학교도 다녀야 하고 과제와 시험 등 골치 아픈 일이 한둘이 아니죠. 물론 이게 끝일 리 없습니다. 집안일과 바깥일 모두 혼자서 익숙하지 않은 영어로 하는 것도 큰일입니다. 그리움은 한국 드라마로 채우고, 외로움은 애들에 대한 집착으로 채웁니다.

힘든 것은 아버지가 아이들이랑 와 있어도 비슷합니다. 이러다 보니 크고 작은 사건도 흔합니다. 이런 문제를 취재한 미국 로스앤젤레스 지역의 어느 한인 신문 기사를 들여다보죠.

> "6학년에 재학 중인 큰 아들의 등교 시간이 8시 5분인 것을 까맣게 모르고 지난 3년 동안 8시 15분에 등교시켰던 것. 영어가 짧은 김씨는 학교에서 생긴 일들을 오로지 아들을 통해서만 전달받았는데 아들의 성격이 낙천적이어서 학교생활에 문제가 있거나 교

사에게 꾸중을 들어도 김씨는 전혀 몰랐던 것이다."[22]

"아이들이 저학년일 때는 학교에서 몸으로라도 봉사할 수 있었는데 학년이 올라갈수록 힘들다. 학부모 회의에도 능동적으로 참석하기 힘들고 교사들도 영어 못하는 부모를 만나기 꺼린다. 내 돈 내고 다니는 과외 활동에도 엄마가 영어를 못하니까 아이들이 자꾸 뒷전으로 밀린다"고……[23]

"금세 영어를 익힌 아이들은 미국 생활에 빠져들고 남편은 한국에서 혼자만의 자유에 적응해가는 반면 변씨는 기러기 엄마 생활 3년 만에 심한 우울증과 탈진 상태에 빠져 현재 정신과 치료를 받고 있다."[24]

가장 큰 문제는 외로움일 것입니다. 오래된 친구와 가족을 뒤로 하고 타국에 와서 사는 것은 쉽지 않은 일입니다. 말도 통하지 않아 이웃과 친해질 수도 없고 학부모들과 애들 교육에 대한 이야기가 될 턱도 없죠. 한국 사람들을 사귀는 수밖에 없지만 이도 쉽지 않습니다. 한국 사람을 만나는 것이 교회에 나가는 방법 말고는 별로 없을뿐더러 한국 사람들을 만나더라도 그 중 맘에 맞는 사람을 만나는 것은 더 어렵죠. 그리고 한인들은 이사도 많이 하기 때문에 공들여서 친구가 되어도 헤어지는 일이 흔합니다. 이런 외로운 타지에서 새로운 이성과의 만남은 어쩌면 자연스러운 일일 수 있습니다. 그게 바람을 피운다고 소문이 날 수도 있고, 당사자에게는 아름다운 로맨스일 수도 있으나 아이들의 영어를 위해 미국으로 건너와서 가정이 휘청거리는 값을 치르는 꼴이 되는 셈입니다.

물론 힘든 것은 홀로 된 어머니나 아버지뿐만이 아닙니다. 아이들은 아이들대로 새로운 형태의 가정에 적응하느라 적지 않은 고생을 하기 마련입니다. 적응이 빠른 아이들은 적응이 되면 될수록 뒤처지는 어머니나 아버지의 모습을 보게 됩니다. 그런 모습들 중 하나는 어른 노릇을 하기에 점점 벅차 하는 모습입니다. 관공서에 전화하는 것이나 쇼핑을 가서 값을 흥정하는 것, 병원에 가는 것에도 엄마는 애들에게 의존하게 됩니다. 아이들의 영어가 늘수록 그런 현상은 더욱 두드러집니다. 처음에는 별일 아닌 것 같아도 아이들에게는 큰 부담일 수밖에 없습니다. 가격 흥정 같은 것은 어른도 하기 힘든데 그걸 시키는 어머니와 그런 자신들을 쳐다보는 미국 가게 주인 사이에서 곤혹스럽죠. 관공서에 전화할 때도 아이들의 말이니 상대방이 제대로 들어줄 턱이 없죠. 그런 일을 시키는 어머니가 이해는 가지만 원망스러워지기 쉽습니다. 부모의 체면이 말이 아닙니다. 게다가 아버지의 존재는 점점 희미해지고, 어느 순간 가끔 돈만 부쳐주는 사람으로 전락하기 쉽습니다.

아버지를 보는 횟수도 점차 줄어들고 그러다 거의 타인처럼 느껴지기도 합니다. 애들이 커갈수록 더 많은 관심과 조언이 필요하지만 부모로서의 입지는 점점 작아질 수밖에 없습니다.

그깟 영어 하나 때문에, 너무나 큰 희생과 대가

아이들의 영어를 위해 미국에 왔지만 정작 그것 때문에 가정의 행복 자체가 위협받는 처지가 되는 것입니다. 문제는 가정 내에만 국한되지 않습니다. 아이들의 학교에서도 문제는 산적해 있습니다. 물론 한국 학교에서도 여러 가지 문제는 있습니다. 하지만 큰 차이는 어린 자녀들을 보내는 한국의 부모들은 미국 학교의 문제에 대해서는 상대적으로 잘 알지 못한다는 것입니다. 그런 면에서 이런 미국행은 참으로 무모한 일입니다.

몇 가지 문제만 짚어보겠습니다. 정도의 차이라 볼 수도 있겠지만 개방적인 성문화와 성관계는 한국 학생들에게는 큰 충격일 것입니다. 한국이 이제는 많이 개방적이 되었다고 하지만 미국 사회에 비교하면 아직 차이가 크죠. 한국은 아직도 여학생들이 귀고리를 하는 것을 금지하고 있지 않습니까? 미국에서는 상상도 할 수 없는 일입니다. 어린아이들도 성적 매력을 드러내는 것을 일찍부터 배웁니다. 많은 아이들은 화장이나 의상, 액세서리 등을 통해 텔레비전에 나오는 배우나 가수의 모습을 흉내 내는 것이 자연스럽고 이런 풍습이 학교나 사회에서 커다란 제재 없이 받아들여지죠.

외모뿐 아닙니다. 실제로 성관계도 일찍 시작하고 많은 학생들이 성관계를 갖습니다. 미국 정부의 2009년 연구보고서를 보면 전체 고등학생들의 46%가 최소한 한 번 이상 성관계를 가졌습니다. 34%의 학생들은 지난 3개월 동안 한 번 이상 성관계를 가졌다고 답했습니다. 한 번 호기심에 해본다기보다는 성관계에 적극적인 학생들이라고 볼 수 있는 것이죠. 놀랍게도 14%는 네 명 이상의 다른 상대와 성관계를 가졌습니다.[25] 직접 성관계를 하지 않는 아이들도 일정한 나이만 지나면 이러한 상황을 별 거부감 없이 받아들이죠. 심지어 교내에서 돈 주고 여학생에게서 성을 쉽게 살 수 있는 곳도 많은 게 미국 학교의 현실입니다. 이는 좋고 나쁘고를 떠나서 어린 학생이 혼자 판단하고 대응하기에 너무나 다른 환경이죠.

성적 개방과 더불어 한국 학생들에게 마약은 또 하나의 큰 문젯거리입니다. 미국 드라마를 보면 어떤 학교에 어린 갱들이 마약을 파는 모습이 나와 충격을 받았던 기억이 납니다. 그리고 이런 학교들을 보면 보통 소수 민족이 다수인 학교들입니다. 현실을 들여다보면 문제는 훨씬 더 심각합니다. 중산층 동네의 보통 학교에서도 마약은 심각한 문제인 것이죠. 마약은 어느 학교에서나 버젓이 학생들 간에 교내에서 거래되고 학생들은 이런 마약 거래를 눈으로 쉽게 볼 수 있습니다. 그것도 무슨 1,000달러, 100달러 하는 것도 아닙니다. 10달러, 20달러면 조그만 봉지 하나는 쉽게 살 수 있습니다. 누구나 맘만 먹으면 마약을 구할 수 있는 것이죠.

폭력도 문제입니다. 한국처럼 학생들끼리 싸우는 것만이 아니라 학생들의 조직폭력도 문제입니다. 물론 한국에서도 폭력은 문제입니다만 미국에선 총기가 사용된다는 것이 다른 점이죠. 도시의 조금 큰 학교에는 경찰차가 항상 교정을 순찰하고 경찰이나 무장 경비원이 교내에 상주합니다. 학교 건물을 들어갈 때 금속탐지기가 있는 것이 별로 놀라운 일도 아닙니다. 좋고 비싼 학교를 보내면 그나마 좀 낫겠죠. 폭력 문제는 좀 덜하겠지만 나머지는 비슷합니다. 보통 학교 애들이 대마초를 피울 때 좋은 학교 아이들은 좀 더 비싼 마약을 하는 정도의 차이랄까요?

이런 문제들만 아이들을 괴롭히는 것이 아닙니다. 일상에서 파생되는 문제들도 학생들에게는 큰 고민거리가 됩니다. 그 중 하나는 인종 간 분리입니다. 어릴 때는 다 같이 놀다가도 고등학생만 되면 학생들은 인종별로 나뉩니다. 저쪽에선 백인들이, 이쪽엔 흑인들이, 또 한쪽에는 히스패닉 학생들이 모여 있습니다. 그 와중에 소수의 동양 학생들이 있습니다. 많은 경우 한국 학생들입니다. 방금 한국에서 온 학생이라면 자연히 그 한국 학생들과 어울리게 됩니다. 한국말로 이야기하고, 한국 드라마 보고, 한국 노래를 듣습니다. 한국에서처럼 선후배도 따지고 선배가 후배를 괴롭히기도 합니다. 그러니 영어가 느는 것은 더딜 수밖에 없습니다. 영어는 둘째 치고라도 한국의 주입식 교육에 익숙한 아이들이 많은 양의 독서와 독자적인 사고, 토론과 발표를 중시하는 미국 학교수업을 따라가는 것은 정말 힘든 일입니다. 그런데 여기에 언어장벽까지 있으니 그게 쉽겠습니까? 그런데 이 모든 것을 아이들이 다 혼자 알아서 하리라고 기대하는 부모는 제 눈에는 너무 잔인해 보입니다.

그리고 이 모든 것이 다 잘되어도 문제는 또 남아 있습니다. 중학교, 고등학교, 한창 커가는 아이들이 어떻게 자라나는지 안 보고 사는 것이 과연 정상일까요? 부모와 얼굴 마주보며 식사 한 번 제대로 못하고, 자식의 따뜻한 체온 한 번 못 느끼고 사는 것이 과연 행복한 삶일까요? 하루가 어떠했는지, 맘 상한 일은 없었는지, 무엇이 기쁘게 했는지를 서로 나눌 수 있는 시간조차 없는 가족이 과연 가족일까요?

물론 반론이 있을 수 있습니다. 기러기 가족이 아니어도, 조기유학을 하지 않아도 어차피 한가로이 앉아서 도란도란 이야기하고 밥 먹을 시간은 없다고. 아침 일찍 학교에 갔다가 여기저기 학원을 돌다보면 밤 10시나 되어야 아이들이 집으로 오고, 아빠도 회사 일에 술자리에 12시 넘어 귀가하는 것이 보통이고, 주말엔 골프다 뭐다 하며 자리를 비우니 미국에 있으나 한국에 있으나 마찬가지라고. 가슴이 아프긴 하지만 설득력 있는 반론입니다.

그렇지만 이 반론은 가족이 해체가 되는 위험이 있더라도 영어를 시키는 것이 옳다는 것이 아니라 영어 등 사교육이 한국의 가족을 얼마나 멍들게 하고 있는지를 반증하는 것일 뿐입니다. 그깟 영어 하나로 집안의 화목이 위협을 받는 것이 어디서나 가능한 것이니까요.

영어를 잘한다고 모든 걸 잘하는 건 아니다

네, 그깟 영어 하나요. 맞습니다. 그깟 영어……. 미국에서 인기 있던 드라마 중 〈더 와이어The Wire〉라는 쇼가 있습니다. 한국에서 방영이 됐는지 모르겠지만 미국에서는 큰 화제를 불러일으켰죠. 워싱턴D.C.에서 북쪽으로 차로 한 시간도 채 떨어지지 않은 볼티모어라는 도시를 배경으로 한 범죄 드라마인데, 사실적인 묘사로 유명했습니다. 제작자도 볼티모어에서 활약한 전직 기자여서 더욱 생동감이 넘쳤습니다.

총 다섯 시즌으로 만들어졌는데요, 각 시즌마다 마약, 노조, 교육, 정치, 언론 등 미국의 주요 사회문제를 묵직하게 다루어서 보통의 범죄 드라마와는 차원이 달랐습니다. 심지어 하버드대학의 한 사회학 수업은 한 학기 전체 내내 이 드라마에 대해 공부할 정도였으니까요. 거기에는 별별 인간의 모습들이 다 보입니다. 집 없는 노숙자부터 야심 가득한 시장, 부패하고 무능한 경찰, 사기가 땅에 떨어진 선생님 등. 하지만 제일 눈에 띄는 인물은 단연 마약을 다루는 범죄자들입니다. 좀 덜 떨어진 조직원, 잔인한 킬러, 무서운 두목, 경쟁 마약 조직, 이들을 등 처먹는 강도 등 별별 사람들이 다 나옵니다.

그리고 이들의 공통점이 있습니다. 모두 유창하게 영어를 구사한다는 것이죠. 당연하지 않습니까? 이 등장인물들은 거의 모두 미국 사람들이니까요. 좀 김빠지는 이야기이지만 이는 우리가 얼마나 중요한 것을 잊고 있는가에 대한 반증이기도 합니다. 영어만 잘해서는 아무 소용이 없다는 것을요. 영어만 잘한다고 남을 해치는 폭력배나 사람을 죽이는 살인자가 되어도 좋은 것은 아니지 않습니까? 그리고 영어만 잘하면 자식이 미국에 가서 폭력배가 되어도 괜찮다는 부모는 당연히 없을 것입니다. 하지만 영어만 잘하면 된다는 부모는 많습니다. 가만히 생각해보면 전자나 후자 사이에는 사실 큰 차이가 없는데 말이죠.

영어는 중요합니다. 자신의 발전을 위한 수단이기도 하고 영어를 통해 즐거움을 얻을 수도 있습니다. 그러나 한국에서의 영어는 그 중요성이 완전히 왜곡되어 있습니다. 많은 사람들이 영어만 잘하면 된다고 생각하고 있는 것이죠. 하지만 그것을 위해 포기하는 많은 것들을 보면 우리 사회는 정상이 아닙니다. 기회비용이 기형적으로 높습니다. 아이들이 하고 싶은 것이 얼마나 많습니까? 공도 차고, 엄마한테 투정도 부리고, 수영도 하고, 기타도 치고, 심심해하기도 하고. 그렇지만 우리 사회가 어린 학생들에게 주는 영어에 대한 압력은 아이들이 이 모든 것을 할 시간을 확 줄어들게 합니다. 기본적으로 부모와 자식으로서, 가족으로서 교류하는 기회마저 앗아갑니다. 사정이 이렇다보니 부모와 아이들 간의 사이가 멀어지는 것도 이상할 것이 없습니다. 기본적으로 가족과 소통을 하지 못하는 아이들이 사회에 나가서 갑자기 건강한 사회 구성원이 되기는 쉽지 않을 것입니다. 하지만 이 모든 것을 많은 사람들은 그렇게 중요하게 여기지 않나봅니다. 이러한 상황은 개인에게나 가정에게나 사회 전체적으로나 대단히 위험할 수밖에 없습니다. 이렇게 위험한 상황은 이제 끝내야 합니다. 이게 가능할까요? 다음 장은 우리의 영어 중독을 어떻게 끝낼 것인가에 대해 그 방법을 논의해보겠습니다.

영어 망국병, 어떻게 해결할 것인가

영어 투자, 심각하고도 슬픈 사회적 낭비

영어가 중요하다고는 하지만 우리 사회는 턱없이 비싼 대가를 영어공부에 지불하고 있습니다. 더욱이 개개인이 판단해서 이 영어 기차에서 내리기에는 사회적 강요가 너무 거셉니다. 포경수술도 그 이유에 대해 별 생각 없이 남들이 다한다며 따라하는 마당에 하물며 사회적 지위와 밀접하게 관련된 영어를 무시하기 쉽겠습니까?

물론 한국 사회에서 영어를 능숙하게 구사하는 사람은 필요합니다. 미국의 경제적, 정치적 중요성을 고려할 때 그리고 우리나라의 지정학적 특성상 더욱 그러합니다. 하지만 이러한 중요성 또한 우리가 쏟아 붓는 비용에 비춰서 봐야 할 것입니다.

돌아보면 우리 사회가 그렇도록 영어에 투자하고 얻은 사회적 소득은 초라합니다. 공부하는 영어 자체가 입시, 취직 등으로 이어지는 경쟁의 한 도구일 뿐 정작 소통을 위한 영어를 염두에 두고 공부하는 사람들은 그렇게 많지 않아 보입니다. 그러니 힘들게 연마한 영어를 바람직하게 쓰는 사람은 몇 안 됩니다.

한국인의 영어 사용을 조사한 한 조사를 보면 "최근 1년 동안 초보적인 인사말을 제외하고 문장 단위로 영어를 말하거나 글로 쓰거나 영어 문서를 읽은 경우는 얼마나 되는지 물어본 결과, 조사 대상자의 20.3%가 '없다'고 대답했고…… 최근 1년 동안 일을 하면서 외국인과 영어로 말하며 의사소통을 한 시간이 얼마나 되는지 묻는 질문에도 '없다'(37.8%)가 가장 많았으며…… 영어를 사용해야 할 경우가 주로 어떤 영역이냐는 질문에는 '인터넷 로그인할 때, 이메일 주소 적을 때 말고는 그럴 일이 없다'는 응답이 40.1%로 가장 높게 나타났다."[26] 심각하고도 슬픈 사회적 낭비입니다. 이번 장에서는 이제까지의 논의를 정리해보고 이를 바탕으로 새로운 방향을 간단하게나마 논해보고자 합니다.

한국 사회, 영어 집착 병적인 수준

한 개인으로 보나 사회적으로 보나 우리의 영어에 대한 집착은 병적인 수준입니다. 이성적 판단으로 이런 상황에서 벗어나기에는 중독 증세가 너무나 심합니다. 너도나도 영어에 목숨을 걸고 공부하는 영어 망국병에 찌들어 있는 것이죠. 더욱 슬픈 것은 우리 사회의 영어 망국병이 단순한 병이 아니라 일종의 사기라는 것입니다.

우리의 이 슬픈 사기는 많은 사람들이 이야기하듯이, 또 많은 사람들이 기대하듯이 영어라는 것이 열심히 공부만 한다고 되는 것이 아니라는 데서 출발합니다. 물론 그렇게 해서 영어가 되는 사람도 있을 것입니다. 그러나 그런 사람들 대부분은 그 '열심히'라는 것의 정도나 타고난 언어의 재능 면에서 보통 사람들과는 다른 경우가 많습니다. 또한 그러한 투자나 재능은 누구나 쉽게 갖거나 얻을 수 있는 것이 아닙니다. 그런데 왜 그게 될 듯 보일까요? 열심히 했다가 실패한 사람은 텔레비전이나 라디오에 나와서 자신의 실패를 자랑하지 않습니다. 영어공부를 하다 좌절한 개그맨이나 가수가 우리 눈에 보이지 않는 이유입니다. 영어공부를 하다 좌절에 빠진 학생이 광고에 등장하지도 않죠. 선생님도 실패한 제자들의 이야기를 다른 제자들에게 들려주지는 않습니다.

이렇듯 대중매체나 광고, 주변 사람들은 실패한 사람의 이야기는 들려주지 않음으로 해서 마치 열심히만 하면 다 성공할 수 있는 듯한 착각을 불러일으킵니다. 우리는 이 착각과 자신의 늘지 않는 영어 실력이라는 현실 사이에서 괴로워합니다. 그렇게 사기 행각이 먹혀들기 시작합니다.

일단 사람들에게 먹혀들기 시작한 사기는 이제 더 많은 사람들을 영어 교육의 광풍 속으로 몰아넣습니다. (하면 다 된다, 안 되면 되게 하라는 표어가 여전히 설득력을 갖는 우리 문화도 한몫했겠죠.) 수많은 돈이 영어 사교육으로 쓰이고, 이 시험 저 시험 준비하고 등록하느라 돈을 써야 합니다. 점점 더 어린 학생들이 영어 학원을 들락거리고 심지어는 한국어를 배우는 것마저 뒷전으로 밀리기도 합니다.

어린 학생뿐 아닙니다. 깊고 창의적인 사고를 요하는 대학 공부도 영어로 하고, 중년의 회사원들도 영어 말하기 시험을 봐야 하는 이상한 상황도 발생합니다. 우리 사회가 영어에 미쳐 있는 만큼, 더 정확히 말해 우리 사회가 영어에 미친 듯이 돈을 쓰고 있는 만큼 한쪽에서는 엄청난 돈을 벌고 있습니다. 영어 교재, 영어 학원, 시험 회사를 포함한 영어산업은 그 성장을 멈추지 않고 있습니다. 외국의 자본이 들어오고 외국의 학교가 한국에서 문을 엽니다. 하지만 어찌된 일인지 우리 사회에서는 그것들이 걱정 대신 자랑거리가 되는 듯합니다. 사기가 큰 돈벌이가 됩니다.

영어 망국병은 우리 사회의 계급 문제

사람들은 누구누구가 토플 만점, 토익 만점을 받았다는 뉴스를 접하면서 더 나은 점수를 꿈꿉니다. 그리고 이는 남보다 더 유명한 학교로 입학하는 것, 남보다 더 큰 회사로 취직하는 것, 남보다 더 빠른 승진의 꿈으로 이어집니다. 한마디로 남들보다 더 높은 사회적 지위로 가는 열차를 타고 싶은 것이지요.

텔레비전 연속극에 나오는 재벌가의 자녀를 보나 미국에서 온 상사들을 보나 광고 한 편으로 수억 원을 버는 젊은이들을 보아도 유창한 영어는 상류층의 상징이 된 듯합니다. 또 실제로 주변 상류층 사람들을 보거나 그들이 모여 사는 모습을 간접적으로라도 보게 되면 그들이 자녀의 영어 교육에 투자하는 것이 보통 이상이고, 그래서인지 그들이 구사하는 영어는 확실히 다릅니다. 상류층에서는 영어가 생활의 일부인 것이죠. 영어를 잘한다고 다 성공하는 것은 아니겠지만 유창한 영어 없이는 성공은 점점 더 힘들어 보입니다.

한국 사람들은 기를 쓰고 영어를 합니다. 점점 더 멀어져가는 상류층에 더 늦기 전에 끼고 싶어 합니다. 하지만 여기서 또 하나의 사기가 숨어 있습니다. 상류층은 가만히 앉아서 다른 사람들이 끼는 것을 기다려주지 않는다는 것이죠. 영어가 실제로 현실적인 이익과 직결되고 상징적인 의미로도 중요한 것이니 보통 사람들이 따라오는 만큼 그들의 영어는 점점 더 세련되어집니다. 가만히 앉아서 자신들의 특화된 장점을 포기할 리는 없지 않겠습니까? 상류층 대학생들이 미국으로 연수며 유학을 떠납니다. 사람들이 따라갑니다. 상류층에선 고등학교부터 아예 미국으로 보냅니다. 사람들이 따라합니다. 중학교, 초등학교 유학에 원정 출산까지 사람들이 따라하면 할수록 상류층에서는 점점 더 어린 나이에, 점점 더 비싼 교육으로 대응합니다. 보통 사람들은 할 수 있을 만큼 따라해보지만 대부분 적당한 선에서 멈추거나 그렇지 않으면 가랑이가 찢어집니다. 상류층이 웃으면서 구사할 영어를 대부분의 사람들은 울면서 공부합니다. 애초에 이길 수 없는 경쟁인 것입니다. 사기의 완성입니다.

여기서 한 가지 상상을 해보죠. 만약에, 만약에 말입니다. 많은 사람들이 너도나도 다 영어를 유창하게 구사하게 됐다고 상상해보죠. 돈 수억 원을 들인 상류층이나 공립학교를 나온 노동자의 자녀도 다 완벽한 영어를 하게 됐다고 상상해봅시다. 그럼 우리 사회의 영어 광기는 사라질까요? 갑자기 우리는 영어의 굴레를 벗어 던지고 어린 학생들은 웃으며 공을 차고 대학생들은 자기 전공에 몰두하게 될까요?

물론 영어 광기는 사라질 테죠. 영어에 대한 광기는 사라지지만 광기는 남아 있을 것입니다. 영어가 외국인과의 소통보다는 신분 상승의 도구로서의 역할이 더 크고 한국에서 엘리트로서의 상징적인 의미가 더 큰 이상 모든 사람들이 영어를 구사한다면 영어가 가진 계급적인 의미는 사라질 것입니다.

하지만 계급 간의 차이가 없어지는 것은 아니죠. 영어가 그 역할을 못한다면 다른 무엇인가가 대체할 것입니다. 옛날에는 나이키 운동화가 있는 자와 없는 자를 구분할 때가 있었습니다. 모두 다 나이키 운동화를 신게 되면서 그 상징적 가치는 없어졌죠. 아무도 그 흔한 나이키 운동화를 신는다고 쳐다보지 않습니다. 그렇다고 소지품에서 계급의 차이를 구분하고, 으스대고, 부러워하는 일이 멈춰졌나요? 아니죠. 나이키 운동화가 가졌던 상징성은 노스페이스 패딩, 외제차, 명품 가방으로 옮겨졌을 뿐, 그에 대한 욕망과 가진 자와 가질 수 없는 자의 구분은 변하지 않았습니다.

영어가 그 계급적 역할을 못하게 된다면 상류층은 자연스레 그 시대에 맞는 대체물을 찾겠지요. 중국어가 될 수도 있고, 러시아어가 될 수도 있고, 유대교 경전이 될 수도 있고, 태국의 무술인 무에

타이가 될 수도 있습니다.

이렇게 본다면 우리의 영어 망국병은 영어 망국병이 아닌 것이 분명합니다. 대신 영어 망국병은 우리 사회의 계급 문제인 것이죠. 계급 간의 격차가 커지면 커질수록 신분 상승의 가능성에 대한 불안과 욕구는 더욱 커질 수밖에 없습니다. 바로 현재 한국의 모습입니다. 그리고 우리 사회의 근본적인 문제가 점점 더 악화되어 영어 망국병이라는 증세로 나타날 뿐입니다. 그렇다면 영어의 문제는 개인이나 한 집단이 풀 수 있는 문제가 아닌 것이죠. 정부의 적극적인 정책적 노력이 필요한 것입니다.

이제까지 영어 교육에 대한 갖가지 토론과 다양한 정부 정책이 있었습니다. 이명박 정부는 영어 몰입교육이라는 이름 아래 공교육으로 영어 사교육을 흡수하려는 시도를 했습니다. 물론 결과는 참담한 실패였습니다. 근본적인 문제에 대한 심각한 고민 없이 증상을 없애려는 시도는 어떠한 성공도 거둘 수 없는 법입니다. 이제까지의 정부 정책이 계속 실패했을 뿐만 아니라 사태를 더욱 악화시키는 데 일조한 것이 놀랍지 않은 이유입니다. 이제라도 정부는 문제가 아닌 해결의 주체가 되어야 합니다.

공무원 시험에서 영어가 왜 필수과목인가

그렇다면 정부가 할 수 있는 일은 무엇일까요? 여기서 두 가지 대책을 제시하고자 합니다. 하나는 구체적인 정책의 문제이고 또 하나는 국가경영 차원의 문제입니다. 그럼 구체적인 정책부터 잠시 생각해보겠습니다.

우선 정부는 영어에 국가적인 특혜를 주는 것을 멈추어야 합니다. 국가적 특혜라면 좀 의아해하실 수도 있습니다. 하지만 우리 정부가 영어를 유독 장려하고 있음은 조금만 살펴보면 쉽게 알 수 있습니다. 그 중 하나는 공무원 채용시험입니다. 영어는 공무원 채용시험에서 거의 빠지지 않습니다. 거의 모든 직종, 거의 모든 급수의 공무원 채용 시 영어 시험은 꼭 들어가죠. 마치 조선시대 과거 시험에서 유교 경전이 빠지지 않았던 것과 흡사합니다. 유교 경전의 지식이 필요하지도 않은 대부분의 정부 관리직을 지원하는 사람들도 이를 달달 외워야 했죠. 관료들의 실질적인 능력보다는 사회 이데올로기를 얼마나 충실하게 답습했는가를 더욱 중요하게 여겼던 조선 왕조의 정치적 결정이었습니다.

그때나 지금이나 한 나라의 정부가 다양한 부처에서 일할 공무원을 뽑는 데 천편일률적으로 외국어(외국 경전) 실력을 측정하는 것은 참으로 이상한 일입니다. 물론 지금은 그것이 획일적으로 영어 시험으로 나타날 뿐이죠. 지금 사정이 어떠한지 간단히 살펴보겠습니다. 5(등)급 공무원 공개 채용시험의 1차 시험 과목(공통)을 볼까요?

> 언어논리영역, 자료해석영역, 상황판단영역, 영어(영어능력검정시험으로 대체), 한국사(2012년부터 한국사능력검정시험으로 대체).

영어는 공통 과목에 속합니다. 게다가 이제는 토플이나 토익 같은 영어 평가 시험으로 대체되었습니다. 여기에다 구체적인 점수도 나와 있습니다.

영어 실력이 없으면 아예 응시하지도 못하는 것이 공무원 채용 시험입니다. "응시원서 접수일까지 '공무원임용시험령' 별표 3에서 정한 영어능력검정시험 기준 점수 이상의 성적을 취득하지 못했다면, 응시원서 접수가 불가하며 응시원서 상에 시험명, 등록번

표 9-1 | 영어능력검정시험 기준 점수

시험명	TOEFL			TOEIC	TEPS	G-TELP	FLEX
	PBT	CBT	IBT				
5급 공채	530	197	71	700	625	65(level2)	625
5등급 외무공무원 공채	560	220	83	775	700	77(level2)	700

출처: 행정안전부 '국가공무원 채용시험관련 수험안내서'(2011. 9. 30), 41쪽

호 및 점수 등을 기입하여야만 원서 접수가 정상 처리됩니다."[27]

5급 공무원만 그럴까요? 2011년 공직채용박람회의 정보를 보겠습니다.[28]

7급 공채는 필기시험과 면접을 거쳐 연 500~700명을 채용하고 있습니다.

- 채용 절차 : 필기(8월) → 면접(10월)
- 시험 과목 : (공통) 국어, 영어, 한국사+(직렬별) 4과목

9급 공채는 필기시험과 면접을 거쳐 연 1,500~2,000명을 채용하고 있습니다.

- 채용 절차 : 필기(4월) → 면접(9월)
- 시험 과목 : (공통) 국어, 영어, 한국사+(직렬별) 2과목

예외 없이 영어 시험은 필수입니다. 중앙의 일반직 공무원만 그런 게 아닙니다. 지방자치단체 공무원들을 비롯해서 소방사(국어, 한국사, 영어, 소방학, 행정학), 해군 군장학생, 예비장교 후보생, 부사관 후보생(간부선발도구, 영어), 국회 속기·경위직(국어, 영어, 헌

법, 행정법, 행정학), 경찰 간부 후보생(한국사, 영어, 형법, 행정학, 형사소송법, 경찰학개론, 선택1), 순경(경찰학개론, 수사, 영어, 형법, 형사소송법), 법원 9급(헌법, 국어, 한국사, 영어, 민법, 민사소송+직렬별 2과) 등 수많은 공무원들을 뽑는 시험에 여지없이 영어가 들어갑니다.

물론 영어가 필요한 공무원도 있을 것입니다. 그러나 모든 공무원들에게 필요하지는 않지요. 사실 영어가 필요한 공무원은 극히 소수일 것입니다. 예를 들어 출입국 관리직이라든지 외국과의 협상이나 외국의 정세 파악 등을 주요 업무로 하는 외무공무원들은 영어가 필요합니다. 5급 외무공무원 2차 시험 과목을 보면 필수 네 과목(영어, 국제정치학, 국제법, 경제학)에 선택 한 과목(독일어, 프랑스어, 러시아어, 중국어, 일본어, 스페인어, 아랍어)입니다. 하지만 여기서도 의문은 남습니다. 아랍어를 잘 구사하는 인재를 뽑는데 그런 귀한 인재라면 굳이 영어를 못해도 되지 않을까요? 그래도 외무공무원이니 뭐 그렇다 치죠. 그러나 일반행정, 세무, 통계, 교정, 검찰사무, 철도, 전기, 임업 등에 종사할 분에게 영어가 필요할까요? 순경이나 소방사에게 영어가 그렇게 필요할까요? 해군부사관이나 국회 경위들에게 영어가 얼마나 중요한 자질일까요? 판검사를 뽑는 사법고시에서 영어 점수를 요구하는 것도 마찬가지입니다. 법무부의 사법시험 안내를 보면 외국어 시험을 보아야 하는데 영어로 한정되어 있습니다.[29] 그 전에는 영어를 포함한 다양한 외국어 중에서 하나를 택해서 볼 수 있었는데 지금은 그런 선택의 여지없이 모두 영어 시험을 보아야 합니다. 그것도 토익, 토플, 텝스 세 시험 중 하나를 선택해서 요구하는 점수 이상을 얻어야 하는 것이죠.

경찰서나 법원에 얼마나 많은 외국인이 가는지 모르겠지만 이들을 상대로 경찰이나 검사가 영어로 조사할 리는 없겠죠. 그렇다고 판사가 법정에서 영어로 재판을 할 일도 없을 테고요. 굳이 조사나 재판에서 영어가 필요하다면 통역을 쓰면 됩니다. 영어로 된 문서를 조사해야 할 검사도 있을 테지만 그런 일은 직업 번역가에게 맡기지 않을까요? 게다가 우리 법은 영미계 법 전통을 따른 것이 아니고 대륙계 전통을 따르고 있습니다. 굳이 외국어로 법을 공부하고자 한다면 독일어가 더욱 필요하지 않을까 싶습니다. 아무리 생각해도 법조계 사람들을 뽑을 때 그들의 영어 실력을 보고 뽑는 것은 이치에 맞지 않아 보입니다.

실제로 영어를 필요로 하는 공무원이건 아니건 간에 무조건 영어를 채용시험에 집어넣는 것은 필요한 인재 선발에도 도움이 될 턱이 없습니다. (소방관에게 필요한 것을 굳이 생각해보면 여러 전문지식, 체력, 협동심, 강한 정신력 등이 가장 먼저 떠오르고 영어는 그냥 취미 정도로만 필요한 게 아닐까 싶습니다.)

이러한 정책은 어떠한 실질적인 목적이 있다거나 마땅한 취지가 있어 보이지 않습니다. 그보다는 우리 사회가 영어를 무조건적으로 숭상하는 모습을 반영한 것이죠. 또한 정부가 이러한 영어 광기를 치유하는 데 앞장서는 대신 이를 부추기고 있는 셈입니다. 정부는 영어를 쓸 일이 거의 없는 공무원직에서도 영어 시험을 강제함으로써 많은 사람들의 시간과 돈을 낭비하게 하는 데 앞장서고 있다는 것을 깨닫고 이를 시정해야 합니다.

해결은 의외로 쉬울 수 있습니다. 영어 과목을 없애거나 굳이 외국어가 필요하다면 여러 외국어 시험 중 하나를 선택하게 하면 되는 것이죠. 행정안전부는 공무원임용시험령 제3조 제1항에 규정된 5급 이상 및 6급 이하 14개 직렬(류)의 공채시험만을 실시하며, 나머지 6급 이하 직렬(류)에 대한 공채시험과 모든 직급의 특별채용시험은 소속 장관이 주관하여 실시하고 있습니다. 채용의 바탕이 되는 국가공무원법을 보면 시험 과목을 특별히 규정하고 있지는 않습니다. 실질적으로 시험 과목을 규정하고 있는 것은 공무원임용시험령 제7조입니다. 별표 1을 보면 각종 시험 과목이 자세히 규정되어 있습니다. 이는 행정부의 결단만으로 시험 과목의 변경이 가능하다는 것입니다. 즉 마음만 먹는다면 영어를 공무원 채용시험에서 제외시키거나 다른 외국어를 넣어서 선택하게 하는 것은 어렵지 않은 것이지요.

물론 그에 따른 행정상의 불편은 쉽게 예상됩니다. 변화를 싫어

하는 관료들의 특성상 쉽지는 않겠지요. 또한 영어 관련 산업의 방해, 영어를 아끼는 기득권의 저항 또한 있을 수 있습니다. 하지만 영어의 병폐와 어처구니없이 사기를 당하고 있는 많은 사람들의 고통을 생각해본다면 이러한 정치적 비용은 감내해야겠죠. 정부가 앞장선다면 다른 그 어떤 단체의 노력보다도 더 큰 변화의 물고를 틀 수 있을 것입니다. 이런 점에서도 정부의 정책적 고려는 절실하다고 하겠습니다.

대학입시에서 영어의 비중을 줄여야 한다

더불어 정부는 대학교 입학시험도 재고해야 합니다. 외국어를 공부하는 것이 학생들에게 여러 가지로 도움이 됩니다. 그렇지만 모든 학생들이 영어 시험을 보아야 할 아무런 교육적 이유는 없습니다. 영어는 미국과 영국에서 쓰는 말이기는 하지만 세상에서 가장 많은 사람들이 쓰는 말(중국어)도, 가장 부유한 나라(룩셈부르크 또는 카타르)에서 쓰는 말도, 가장 행복한 나라(덴마크)[30]에서 쓰는 말도 아닙니다. 영어가 중요한 외국어이기는 하지만 대학에 가고자 하는 모든 학생들이 그토록 열심히 공부해야 할 정도는 아니라는 것입니다.

일본 만화를 좋아해서 일본어를 잘하고 일본어 공부를 하고 싶은 학생에게 영어가 중요한 외국어일 턱이 없습니다. 오스트리아에서 바이올린을 공부하고 싶어 독일어를 공부하는 학생에게도 영어는 큰 의미가 없습니다. 러시아 문학에 관심이 있는 학생에게도, 힌두교에 관심이 있는 학생에게도 입시를 위해 영어 시험을 준비하는 것은 무의미하고 시간 낭비일 것입니다. 물론 이들이 나중에 다른 것에 관심을 가질 수 있고 전공을 바꿀 수도 있습니다. 그렇지만 그 다른 관심이 꼭 영어를 필요로 할지는 알 수 없죠.

누구는 이렇게 말하겠지요. 학생들의 학습 능력을 재는 데 영어는 필요하다고요. 즉 영어 실력 그 자체보다는 학생들의 외국어 학습 능력을 측정해서 우수한 학생을 뽑고 싶다는 것이죠. 일리는 있지만 사회적 비용을 생각해본다면 지나친 주장입니다.

그렇다면 이 대학입시의 영어는 어떻게 대체해야 할까요? 해결은 의외로 간단합니다. 영어를 외국어영역에 포함시켜 다른 외국어와 똑같이 대접해주면 됩니다. 영어를 잘하는 학생이나 일본어를 잘하는 학생, 독일어를 잘하는 학생이나 러시아어를 잘하는 학생, 그리고 힌두어를 잘하는 학생이 다른 점이 무엇인가요? 굳이 뽑자면 다들 하는 영어 대신 힌두어나 러시아어를 하는 학생들이 더욱 용감하고 적극적이라는 것이겠죠.

대학수학능력평가 시험 또한 한국교육과정평가원에서 매해 계획하고 주관하므로 행정적인 차원에서 과목을 변경하는 것은 정치적 의지만 있다면 큰일은 아닐 듯싶습니다. 모든 학생들은 아니겠지만 많은 학생들은 영어의 굴레에서 벗어날 수 있을 것입니다. 모두 다 해야만 하는 영어 대신 자신의 적성과 능력에 맞는 외국어를 선택하여 노력하면 더 좋은 점수를 받을 가능성이 훨씬 높을 것입니다. 우리 사회에서 입시가 차지하는 사회적 여파를 생각한다면 그리고 정부에서 필요한 인재를 뽑는 시험의 상징성을 생각해본다면 정부의 이러한 작은 노력만으로도 우리 사회에서의 영어의 위상은 크게 달라지리라고 생각합니다.

커져만 가는 계급 사이의 격차를 해소해야 한다

공무원 채용에서나 대입입시에서의 과목 조정만으로도 우리 사회의 심각한 영어 문제를 상당 부분 치유할 수 있을 것입니다. 하지만 앞에서도 언급했듯이 영어 문제는 근본적으로 우리 사회의 불평등한 계급 문제인 탓에 이런 단기적인 치유와 함께 장기적이고 근본적인 변화가 절실합니다. 그리고 근본적인 변화는 갈수록 커져가는 계급 간의 격차를 줄이는 것에 목표를 두어야 합니다. 정부는 제도적 정비를 당장 시작해야 합니다. 커져만 가는 계급

사이의 격차는 각종 사회 문제를 낳고 또 악화시키고 있습니다.

1997년 IMF사태 이후 한국은 금융 자율화와 고용 자율화를 두 축으로 하는 미국식 시장 정책을 강력하게 추구했습니다. 그 덕택에 금융 위기에서는 벗어났지만 한국 사회는 근본적으로 다른 경제체제를 받아들이게 됩니다. 외국 자본이 자유롭게 들어오고 나가면서 국내 산업을 사고파는 것이 용이해졌죠. 이러한 자유로운 외국 자본의 유통을 위해 고용과 해고는 '유연화'되었습니다. 외국 자본과 경제 위기에서 살아남은 국내 자본은 덕택에 많은 이윤을 축적할 수 있었습니다. 하지만 이들의 이윤은 대부분 줄어든 인건비인 경우가 많았고, 이는 곧 만성적 실업과 빈곤층의 증가로 이어졌습니다. 즉 소수의 자본가는 점점 더 부를 축적해가는 반면, 빈곤층은 점점 더 늘어만 갔습니다. 미국식 경제 발전이 본격화된 것이죠.

각종 경제지표가 이런 상황을 적나라하게 보여줍니다. 한 나라의 빈부격차를 재는 지표로 흔히 지니계수를 많이 씁니다. 지니계수는 모든 부를 한 사람이 갖고 있으면 1, 모든 사람이 똑같이 부를 나누고 있으면 0으로 나타납니다. 보통 0.4가 넘어가면 빈부격차가 심해진다고 보는데요, 멕시코가 그렇고, 최근 경제 성장을 거듭하고 있는 중국의 경우가 그러합니다. 1990년대 이후 미국도 이 대열에 합류했습니다. 우리는 어떨까요? 〈표 9-2〉를 보시죠.

표 9-2 | 도시(2인 이상 비농가) 지니계수(1990~2010)

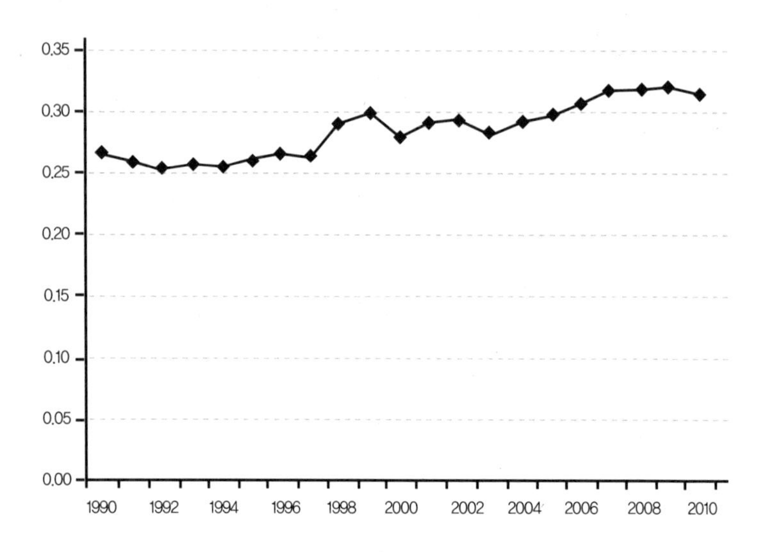

자료: 통계청

한국도 멕시코처럼 심각한 수준은 아니지만 꾸준히 수치가 커가는 것, 즉 빈부차가 커진다는 것을 알 수 있습니다. 2인 이상 비농가의 빈부차를 보면 1990년대의 낮고 안정적이던 수준의 빈부차이는 1997년을 시작으로 눈에 띄게 높아지기 시작합니다. 0.26이었던 것이 1998년에는 0.29로 성큼 올라갔습니다. 그리고 2007년에는 0.3을 넘어 우리 사회에서는 최근 볼 수 없던 수준의 빈부차이에 이르게 되었습니다.

이 수치가 너무 추상적이어서 감이 잘 안 올 수도 있습니다. 그

표 9-3 | 도시(2인 이상 비농가) 상대적 빈곤율(1990~2010)

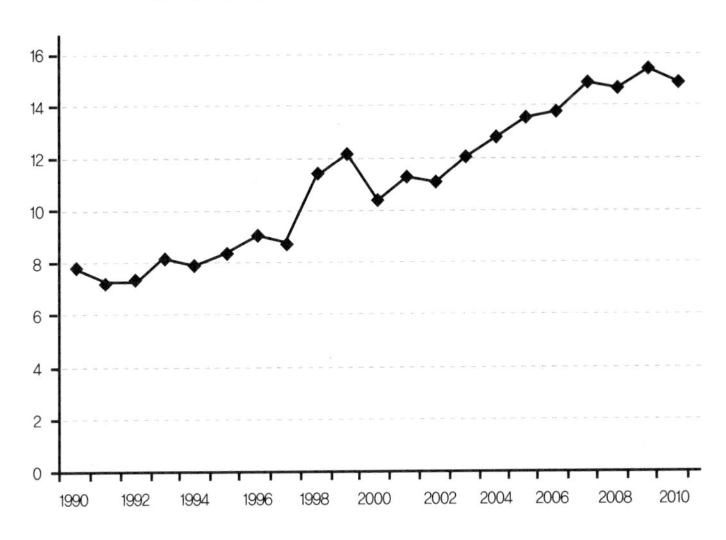

자료: 통계청

럼 다음 표를 보죠. 〈표 9-3〉은 '상대적 빈곤율'을 보여줍니다. 이는 "소득수준으로 정렬한 상태에서 한가운데 소득(중위소득)의 50% 미만의 인구비중"[31]을 말합니다. 가장 많이 버는 사람이 맨 앞에 서고 가장 적게 버는 사람이 맨 뒤에 서면 딱 중간에 서는 사람이 있지 않겠습니까? 그 중간 사람의 반밖에 벌지 못하는 사람이 얼마만큼 있는가를 보여주는 수치입니다.

도시 지역에서 1990년에는 중간 소득층의 반밖에 못 벌던 사람의 비율이 전체의 7.8%로 비교적 작았지만 1997년과 1998년 사

표 9-4 | 5분위 배율

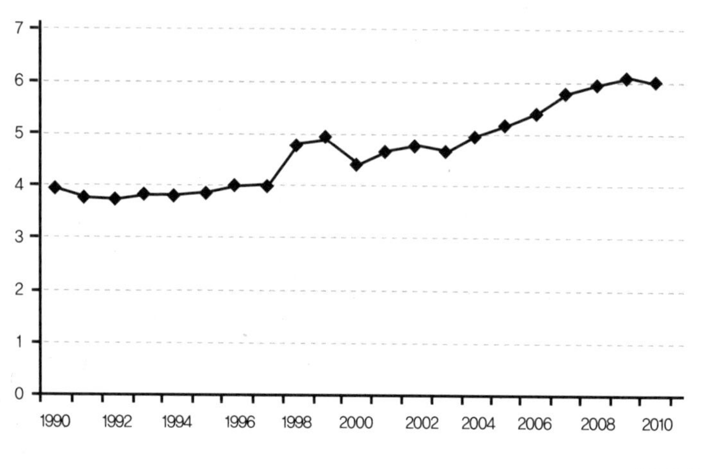

자료: 통계청

이 8.7%에서 11.4%로 급증합니다. 그리고 외환 위기가 끝이 나도 이 비율이 줄어들기는커녕 꾸준한 증가세를 이어갑니다. 2010년에는 이 수치가 14.9%로 높아졌습니다. 잘살기는커녕 중간 가는 사람의 반밖에 못 버는 사람이 15%나 되는 꼴입니다. 나라는 외채의 위기에서 벗어났지만 정작 그 구성원들의 많은 수는 가난의 구덩이에 빠진 것이죠.

이렇듯 빈곤층의 크기 자체가 커진 것도 문제지만 최상층 부자들의 부의 독식이 심화되는 것도 큰 문제입니다. 〈표 9-4〉는 5분위 배율, 즉 '소득 상위 20%의 평균소득/소득 하위 20% 평균소득으로 계층 간 소득 격차'를 보여줍니다. 1990년에 이 비율은 3.93이었습니다. 즉 상위 20%의 평균소득이 하위 20%의 평균소득의 약 네 배였다는 것이죠. 이 수치도 1997년을 지나면서 껑충 뜁니다. 계속 4.0 정도를 지키던 이 수치는 1998년이 되어서는 4.78로 오르고 2009년에는 6.0을 돌파합니다. 상위 20%의 평균소득이 하위 20%의 평균소득의 약 여섯 배로 증가한 것입니다. 최상위층으로의 부의 편중이 신자유주의 정책 아래서 심해지고 있다는 것을 보여줍니다.

신자유주의의 모순을 해결해야 한다

정부가 벌어지는 계층 간의 차이를 줄이는 것은 시급한 과제가 아닐 수 없습니다. 이는 단순한 경제 정책의 문제가 아니기 때문이죠. 어찌 보면 가장 근본적인 문제는 신자유주의가 가져다준 경쟁 만능주의에 있다고 할 수 있습니다. 이들은 경제 주체 간의 경쟁을 통해 경제가 효율적으로 돌아간다고 주장합니다. 이 논리는 그 자체로도 여러 문제가 있습니다.[32] 경제적으로도 문제가 있을 뿐 아니라 사회적으로도 이러한 경쟁적 자유시장의 논리는 큰 부정적 여파를 끼치게 됩니다. 고용이 불안해지고 상대적 박탈감이 커지면서 사회가 불안해질 수밖에 없습니다.

실제로 국내의 실업률은 꾸준히 늘었습니다. 〈표 9-5〉는 연간 실업률을 보여주고 있습니다. 네모로 표시된 수치는 전체 인구의 실업률입니다. 1990년대를 통해 우리 경제는 2% 정도로 낮은 수준의 실업률을 꾸준히 유지했습니다. 그러던 것이 1997년 경제위기를 통해 완전히 변하기 시작합니다. 1998년 실업률은 7%를 기록합니다. 이후 낮아지기는 했지만 3% 이상의 실업률이 지속되고 있습니다. 3%는 사실 상당히 낮은 수치입니다. 우리 사회에서 실업은 아직 큰 문제가 아니라는 소리죠. 하지만 이는 단편적인 관찰입니다.

다시 표로 돌아가보죠. 마름모꼴로 표시된 수치는 20세에서 29세 사이의 실업률입니다. 1990년대 5%에서 맴돌던 청년실업률은 1998년 무려 11.4%로 치솟았습니다. 이후 내려오기는 했지만 꾸준히 7%가 넘는 높은 실업률을 보이고 있습니다. 바로 청년실업의 문제가 심각해졌음을 보여주는 것이죠. 대학을 졸업해도 일자리를 찾기가 힘든 젊은이들이 점점 늘고 있는 것입니다.

이러한 실업률의 증가는 신자유주의를 받아들인 나라들에서 흔히 찾을 수 있는 심각한 사회적 문제입니다. 이뿐만이 아닙니다. 범죄가 늘고[33] 정치적 대립도 날카로워집니다. 노동 시간이 늘고 노동 강도가 강해지면서 사고나 질병으로 건강을 해치는 사람들

표 9-5 | 실업률(단위: %)

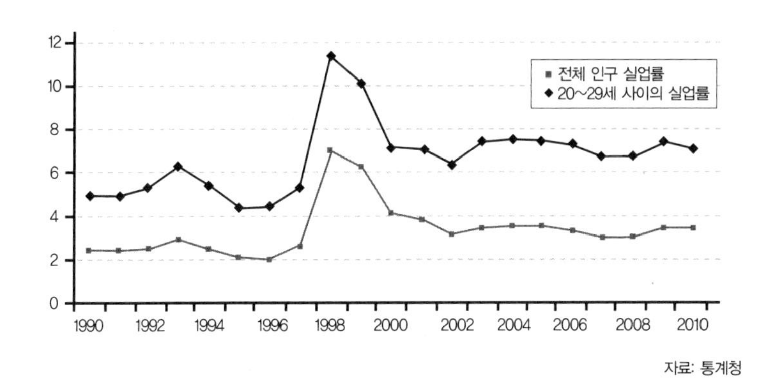

자료: 통계청

도 늘어납니다. 경쟁력 확보를 위해 더 많은 사람들이 대학을 찾고 그에 따른 각종 경쟁도 심해집니다. 물론 이 책에서 논하는 영어의 경쟁적 학습도 그 중 하나의 증상입니다. 그런 사회에서 사람들이 행복하기란 쉽지 않습니다. 돈이 많고 땅도 넓은 데 사는 미국인들도 다른 서구 국가들에 비해 늘 행복지수는 낮게 나옵니다. 바로 신자유주의의 본고장인 탓입니다. 안타깝게도 한국도 별다를 것이 없습니다.

정부는 하루빨리 계급 간의 격차를 줄이고 과도한 경쟁을 조정하는 데 힘써야 할 것입니다. 조세제도 개혁을 통해 부의 재분배가 활발하게 이루어져야 하겠습니다. 현재의 제도처럼 금융투자와 부동산 투기에 혜택을 주는 세법은 일반 직장인을 보호하고 사회의 다수를 차지하고 있는 보통 사람들에게 혜택을 주는 공평한 방향으로 바뀌어야 합니다.[34] 돈을 거두는 것도 공평히 함과 동시에 돈을 쓰는 것 또한 새로운 사고가 필요합니다.

정부가 국회에 제출한 2012년 예산에서 절대 비중을 차지하고 있는 것은 국방비입니다. 33조 2,000억 원으로 전체 예산안 326조 원의 약 10분의 1을 차지합니다. 이는 OECD 국가들의 평균인 5%의 두 배 수준입니다. 물론 남북 간 대치와 분단이라는 상황을 감안한다면 얼핏 이해할 수도 있지만 군대에 가보신 분들이라면 누구라도 알 수 있듯이 우리 군의 운영은 너무나 방만하고 비효율적입니다. 예산을 아낄 여지가 많은 곳이죠. 현대전에 맞지 않은 육군 위주의 편성, 지나치게 많은 고급 장교의 철밥통 등 예산을 줄이고 사회적 약자를 보호하는 데 더욱 많은 노력을 기울여야 합니다.

아직도 한참 부족한 우리의 사회복지제도를 정비해 경제적 빈곤이 인간 존엄성의 파괴로 이어지는 것을 막아야 합니다. 한마디로 정부는 시장을 길들여야 하는 것입니다. 경쟁과 효율만을 중요시하는 시장은 많은 (다는 아닙니다) 경제학자들이 말하듯 효율적이지도 않고 탈정치적이지도 않습니다. 항상 소수의 자본가를 위할 수밖에 없는 것이 태생적 한계이죠. 현대 정부는 이러한 시장의 본능과 계속 싸워왔습니다.

실제로 정부는 이 싸움에서 눈부신 승리를 이룬 적도 있었죠. 대공황 이후의 미국 정부나 2차 대전 이후 북유럽 국가에 세워진 정부가 그 좋은 예일 것입니다. 북유럽에서는 사회주의 전통이 확립되었고 사회보장제도가 깊은 뿌리를 내렸습니다. 미국에서도 빈부격차를 줄이기 위한 정부의 시책이 결실을 맺었습니다. 다시 말해 정부의 정책은 많은 것을 해결할 수 있는 답이 될 수 있다는 것입니다. 우리 정부라고 못할 이유가 없는 것이죠.

정부의 노력은 가장 중요한 것이지만 그러나 우리 문제를 해결하기 위한 노력의 한 일부일 뿐입니다. 우리 사회의 근본적인 문제를 해결하기 위해서는 정부의 힘만으로는 불가능합니다. 우리 사회의 근본적인 구조 문제를 바라보는 새로운 시각이 필요하고, 이에 대한 사회 전반의 대화와 합의가 필요하기 때문입니다.

그 대화에는 상류층의 참여도 필요합니다. 사회 전체의 이익이 자신들의 이익과 부합한다는 것을 받아들이고 변화에 동참하는 것이 무엇보다 중요합니다. 조그마한 나룻배에 한두 명의 힘 센 사람이 점점 더 넓은 공간을 차지하고 나머지 사람들을 점점 더 조그마한 구석으로 몰아가면 당장 자신들은 편할 수 있어도 결국 그 배는 뒤집히기 마련입니다. 공간을 나누고 배의 균형을 잡는 것이 모두의 안전을 위하는 길이죠.

사회도 다르지 않습니다. 상류층이야말로 불균형과 극심한 경쟁으로 요약될 수 있는 사회문제를 주도한 당사자인 동시에 문제를 해결할 수 있는 사회적, 정치적 힘을 가진 주요 세력입니다. 이들이 문제를 각성하고 해결에 동참할 수 있도록 유도할 수 있는 정치적, 사회적 접근이 필요합니다. 이것을 위한 사회 전체의 노력이 필요합니다. 물론 열린, 그리고 꾸준한 대화가 필요하죠. 이를 위해서는 한 집단이나 계급의 이익에 봉사하지 않는 대중매체의 활성화가 절실합니다. 또한 이러한 대화를 위해서 학자나 연구기관들의 꾸준한 연구와 이들에 대한 공공적 지원도 필요하지요.

물론 쉽지 않은 일입니다. 설사 우리 사회가 해결을 위해 한마음으로 노력을 한다 해도 문제 해결이 마냥 쉽지만은 않을 것입니다. 하지만 쉽지 않다고 가야 할 길을 안 갈 수는 없습니다. 그리고 그 길을 떠나는 첫걸음은 우리가 갖고 있는 문제의 본질을 직시하는 것입니다. 그 문제 중 하나는 우리의 영어 망국병입니다. 그리고 영어 망국병은 사기입니다.

후주

들어가는 글

1) Caroline Weber, "When French Was the Language of Enlightenment." *The New York Times* (2011. 7. 8)

2) 토익 웹사이트 http://exam.ybmsisa.com/toeic/status/recruit_company.asp

3) 토익 웹사이트 http://exam.ybmsisa.com/toeic/status/license.asp

4) 오픽 웹사이트 http://www.opic.or.kr/

5) 토익 웹사이트 http://exam.ybmsisa.com/toeic/status/assessment.asp

6) "CJ 인재개발위원회 전상현 대리 인터뷰", 오픽 웹사이트 http://www.opic.or.kr/2009.08.27

1부

1) 미국 국무부National Security Language Initiative for Youth (NSLI-Y) http://exchanges. state.gov/youth/programs/nsli.html

2) 이익훈 어학원 웹사이트
http://www.ike.co.kr/conversation/conversation_main.asp
3) 종로 글로벌 어학원 웹사이트 http://blog.daum.net/cerryvi23/5787498
4) 종로 글로벌 어학원 웹사이트 http://blog.daum.net/cerryvi23/5787498
5) 파고다 어학원 웹사이트
http://www.pagoda21.com/lecture/matterMain.do?titlecode=000
6) Seinfeld Scripts http://www.seinfeldscripts.com/TheRobbery.htm
7) 박형수, "짤막 인터뷰-〈굿모닝팝스〉 진행 이근철 대표", 중앙일보, 2010년 1년 28일 http://article.joinsmsn.com/news/article/article.asp?total_id=3989022&cloc=olink|article|default
8) 주식회사 유어에듀 이근철 영어연구소 http://www.jake007.com/
9) 김진철, "회사 이름 온통 영어 한글 · 한자 이름 상장사 36%뿐",
한겨레, 2006년 10월 8일
http://www.hani.co.kr/arti/economy/economy_general/162658.html
10) 김진철, "회사 이름 온통 영어 한글 · 한자 이름 상장사 36%뿐",
한겨레, 2006년 10월 8일
11) 홍용덕, "영어 이름 써야 특성화고?", 한겨레, 2008년 10월 29일
http://www.hani.co.kr/arti/society/area/318910.html
12) 홍용덕, "지자체들 '알파벳 중독'… 앞 다퉈 영문 이름", 한겨레, 2008년 10월 9일
http://www.hani.co.kr/arti/society/area/315124.html
13) "李당선인 '영어 사랑' 이유는", 연합뉴스, 2008년 1월 31일
14) 송호균, "이경숙 '프렌들리? 후렌들리! 오렌지? 오—!'", 프레시안, 2008년 1년 30일
15) 송호균, 강이현. "인수위, 반대론 없는 '영어 토론회' 왜 하나? 발제문은 '비밀'… 29일 '사전미팅'까지 가져", 프레시안, 2008년 1월 29일
16) Benedict Anderson, *Imagined Communities: Reflections on the Origin and Spread of Nationalism*, Verso Books, Revised edition, 1991

17) 지금 인터넷에서 '연예인 영어 인터뷰' 를 한번 찾아보시죠. 한예슬, 타블로, 소녀시대의 제시카, 티파니, 손호영, 타이거JK, 이병헌, 비, 보아 등 끝이 없습니다. 물론 이 사람들은 미국에서 오랜 시간 살았거나, 직업상 영어를 절대적으로 필요로 하고 또한 집중적이고 고급의 교육을 받을 기회가 있었던 사람들입니다. 김영철, 박경림, 박수홍 등 개그맨들은 영어 교재 내지는 영어에 관한 책까지 냈더군요.
18) 김수진, 김웅진, 박찬욱, 신명순, 신윤환 편역, 《비교정치론강의 3: 서구의 정치제도, 과정 및 공공정책》, 한울아카데미, 85쪽, 1994
19) "영어 강의: 수업 내용에 맞게 적절히 영어 사용해야", 고대신문 1603호, 2008년 12월 7일
http://www.kukey.com/news/articleView.html?idxno=12782
20) 안재욱, "테니스 수업까지 영어로 할 필요가 있나요?", 연두, 2007년 9월 15일
http://www.yondo.net/news/articleView.html?idxno=1083
21) 고려대, 국제학부 웹사이트 http://dis.korea.ac.kr/index.html
22) 연세대, 언더우드 스쿨 웹사이트
http://uic.yonsei.ac.kr/bbs/list.asp?bos_no=11
23) 한양대, 국제학부 웹사이트 http://dis.hanyang.ac.kr/
24) 한국외대, 국제학부 웹사이트
http://kms222.biznine.com/bin/minihome/index.html?seq=3148
25) 경희대, 국제대학 웹사이트 http://kic.khu.ac.kr/
26) 국민대, 인터내셔널 스쿨 웹사이트 http://www.kookmin.ac.kr/
27) 이가영, "국제캠, 힘찬 새 발걸음 내딛다", 연세춘추 1653호, 2011년 3월 2일
http://chunchu.yonsei.ac.kr/news/articleView.html?idxno=13708
28) 이동건, "영어 강의 확대 우리 대학은?", 한국해양대학교 언론사, 2011년 4월 18일 http://www.kmumedia.com/news/articleView.html?idxno=1205
29) "'국어' 도 영어로 강의 못하면 탈락 〈공주대〉", 연합뉴스, 2009년 2월 9일
http://media.daum.net/society/education/view.html?cateid=1001&newsi

d=20090209165221244&cp=

30) 허미연, "영어 강의 양적 증대, '내실화' 전제돼야", 고대신문, 2008년 5월 2일 http://www.kukey.com/news/articleView.html?idxno=11625

31) 고려대학교 웹사이트, "영강인증 확인" http://ctl.korea.ac.kr/common.ctl?page=m2.m6

32) 고려대학교 웹사이트, "영강인증 확인"

33) "'국어'도 영어로 강의 못하면 탈락 〈공주대〉", 연합뉴스

34) 김준일, 이호준, 임지선, "대학 영어 강의의 그늘下, 교수들도 피해자", 경향신문, 2006년 6월 27일 http://news.khan.co.kr/kh_news/khan_art_view.html?artid=200606271809541&code=940401

35) KBS 9시 뉴스, "'더듬더듬' 실속 없는 영어 강의", 2011년 5월 6일 http://news.kbs.co.kr/news/actions/VodPlayerAction?type=2&cmd=showMP4&vod_info=D|10|/2011/05/06/170.mp4|N||F|10|/2011/05/06/1000k/170.mp4|N&news_code=2287738

36) 박수진, "공대생 영어 수업 우리말 강의보다 2.63배 노력… 만족도는 70%", 헤럴드경제, 2011년 4월 12일

37) KBS 9시 뉴스, "'더듬더듬' 실속 없는 영어 강의"

38) "영어 강의: 수업 내용에 맞게 적절히 영어 사용해야", 고대신문

39) "영어 강의: 수업 내용에 맞게 적절히 영어 사용해야", 고대신문

40) 정재승 교수, KBS 유희열의 라디오천국, 2011년 5월 14일 방송

41) 정지은, "카이스트 교수들 '전 과목 영어 강의' 논쟁 중", 머니투데이, 2001년 4월 11일 http://media.daum.net/society/others/view.html?cateid=1067&newsid=20110411105212173&p=moneytoday

42) 최성욱, "'무늬만' 강의 늘어… 교육 質 제고 시급하다", 교수신문, 2009년 9월 28일 http://www.kyosu.net/news/articleView.html?idxno=18866

43) 최성욱, "'무늬만' 강의 늘어… 교육 質 제고 시급하다", 교수신문

44) 박수진, "공대생 영어 수업 우리말 강의보다 2.63배 노력… 만족도는 70%", 헤럴드경제
45) 김혜영, "대학 영어 강의 뜨거워지는 논란", 한국일보, 2011년 5월 6일
http://news.hankooki.com/lpage/society/201104/h2011041215592621950.htm
46) 이인석, "영어 강의는 필요하다", 인천신문, 2011년 4월 18일
http://www.i-today.co.kr/news/articleView.html?idxno=76299
47) 위키피디아
http://en.wikipedia.org/wiki/List_of_languages_by_number_of_native_speakers
48) 김하영, "외국인 대학생 왜 이렇게 늘어났다 했더니…" 프레시안, 2011년 4월 14일
49) 조선일보는 2009년부터 조선일보-QS 아시아 대학 평가를 실시했습니다.
50) 중앙일보 교육개발 연구소 웹사이트 http://www.jedi.re.kr/
51) 김하영, "외국인 대학생 왜 이렇게 늘어났다 했더니…", 프레시안
52) 정원식, "경쟁의 정글로 몰아넣는 '대학 평가'", 주간경향, 2011년 5월 3일
http://weekly.khan.co.kr/khnm.html?mode=view&code=115&artid=201104271925341
53) 정원식, "경쟁의 정글로 몰아넣는 '대학 평가'", 주간경향
54) 최한용, "영어 강의에 대한 단상", 성대신문, 2010년 3월 7일
http://www.skknews.com/news/articleView.html?idxno=7966

2부

1) 이 질문의 대답을 생각해보기 전에 한 가지 짚고 넘어갈 것이 있습니다. 저는 누군가의 음모가 있고 그 실체를 파헤쳐보자, 뭐 이런 말씀을 드리는 것은 아닙니다. 어떤 소수의 사람들이 작당하고 영어의 광기를 부채질하고 있다는 게 아니라는 것이죠. 그보다는 사람 사는 사회라는 것이 원래 한 사람 한 사람이 어떤 것에서 기회를 보고, 그것에서 이득을 보고 그러다보니 점점 더 많은 사람들이

그 어떤 것에 동참하는 것이죠. 그런 사람들의 수가 늘어날수록 그리고 그 이익이 늘어갈수록 사람들은 그 무엇인가를 지키려고 합니다. 그 어떤 것이 영어일 수도 있고 민주주의일 수도 있습니다. 하다못해 '바른손'일 수도 있는 것이죠. 무슨 말이냐고요? 오른손은 오른쪽에 있는 손일 뿐 바른 손은 아니죠. 왼손이 그른 손이 아니듯이요. 하지만 우리 사회에서는 왼손 쓰는 것을 못난 것으로 보는 경향이 있습니다. 바로 '바른손'이라는 말에서 알 수 있지요. 실제로 왼손잡이는 생활에 불편한 것이 많습니다. 가위나 강의실에 있는 책상이 붙은 의자 같은 것을 보면 왼손잡이들은 쓰기가 쉽지 않습니다. 그렇다고 왼손잡이에 대한 어떤 음모가 있는 것은 아닙니다. 다만 대다수의 사람들이 오른손을 주로 쓰다 보니 생산자들도 자연스레 오른손잡이의 편이에 맞게 물건을 만드는 것이죠. 여기에는 어떤 소수의 거대한 음모 대신 많은 사람들이 조그마한 자신의 이익을 도모하는 소소한 행위가 있을 뿐입니다. 다만 그 수가 많아 사회적 현상이 된 것 뿐이죠. 어찌 보면 이것은 영어를 고민하는 우리에게 좋지 않은 소식일 수 있습니다. 만약 영어의 광기가 어떤 사람의 음모라면 그 사람들을 찾아서 간단히 해결할 수 있지만 많은 사람들의 이해가 걸린 것이라면 그럴 수가 없기 때문이죠.

2) 유병률, 김이삭, 김혜경, "〈私교육, 死교육 2〉 영어 교육 강화? 사교육 심화", 한국일보, 2009년 3월 10일
3) YBM어학원 웹사이트 http://www.ybmedu.com/
4) 청담어학원 웹사이트 http://www.chungdahm.com/
5) 김보영, 심혜정, "기업분석: 청담러닝", 삼성증권, 2009년 6월 15일
6) 진정호, "청담러닝 시행착오가 있어도 스마트러닝", 매일경제, 2011년 1월 17일
7) 진정호, "청담러닝 시행착오가 있어도 스마트러닝"
8) 통계청, 국가통계포털 http://kosis.kr/index/index.jsp
9) 물론 이 통계는 영어 학원을 포함한 각종 외국어 학원(프랑스어, 일본어, 중국어 등)의 숫자입니다만, 외국어 학원의 절대 다수가 영어 학원인 점을 생각해본다면 위 자료를 통해, 영어산업의 증가세를 가늠해볼 수 있습니다.
10) 이석, "사교육 시장에 달러가 넘쳐난다", 시사저널, 2008년 8월 6일

11) 교보문고 2009년 연간 도서판매 동향 및 베스트셀러 분석
12) 《ENGLISH RESTART BASIC》(13위), 《시원스쿨 기초영어법》(32위), 《ENGLISH RESTART ADVANCED. 1》(34위), 《ENGLISH RESTART ADVANCED. 2》(55위), 《해커스텝스 READING》(87위), 《Basic Grammar in Use: With Answers》(92위), 《버전업 굿모닝 독학 일본어 첫걸음》(98위)
13) 《해커스 토익 READING》(7위), 《해커스 토익스타트 READING》(15위), 《해커스 토익 보카》(16위), 《해커스 토익 LISTENING》(19위), 《해커스 토익스타트 LISTENING》(40위), 《HACKERS TOEFL VOCABULARY》(51위), 《토마토 BASIC READING》(63위), 《HACKERS TOEFL READING》(83위), 《HACKERS GRAMMAR START》(93위), 《토마토 BASIC LISTENING》(95위)
14) 박종대, "교육: 다시 오프라인으로", 하이투자증권 교육산업 분석보고, 2008년 9월 29일
15) 김보영, 심혜정, "기업분석: 청담러닝", 삼성증권
16) 이재설, "교육사업시장 유치원 영어 교재시장 잡아라", 파이낸셜 뉴스, 2008년 7월 17일
17) 2007년과 2008년 사이의 사교육비 과목별 증가율 통계에서 영어는 11.8%로 가장 높은 증가율을 보였습니다. 김은남, "전직 영어 학원상의 '전기누설'", 시사인, 2010년 2월 1일
18) 유병률, 김이삭, 김혜경, "〈私교육, 死교육 2〉 영어 교육 강화? 사교육 심화", 한국일보
19) 최영진, "스텔스 전투기 F-35 가격, 대당 1200억?", 서울신문, 2011년 2월 17일
20) 김성환, 허정헌, "〈私교육, 死교육 5〉 등골 휘는 학부모들", 한국일보, 2009년 3월 13일
21) 유병률, 김이삭, 김혜경, "〈私교육, 死교육 2〉 영어 교육 강화? 사교육 심화", 한국일보
22) 유병률, 김이삭, 김혜경, "〈私교육, 死교육 2〉 영어 교육 강화? 사교육 심화"
23) 김성환, 허정헌, "〈私교육, 死교육 5〉 등골 휘는 학부모들"

24) 김성환, 허정헌, "〈私교육, 死교육 5〉 등골 휘는 학부모들"

25) ETS 웹사이트 http://www.ets.org/toefl

26) 이 시험은 여러 형태로 볼 수 있습니다. 일상적인 종이 시험이 있고, 컴퓨터 또는 인터넷 시험이 가능합니다.

27) 2011년 8월 7일 현재 가격과 환율입니다.

28) 정민승, 강희경. "토플, 세금 한 푼 안냈다", 한국일보, 2009년 11월 4일

29) Kang Shin-who, "[Exclusive] ETS Hauls in Billions of Won Without Paying Back", Korea Times, 2009년 10월 20일

30) Kang Shin-who, "[Exclusive] ETS Hauls in Billions of Won Without Paying Back", Korea Times

31) Kang Shin-who, "[Exclusive] ETS Hauls in Billions of Won Without Paying Back.", Korea Times

32) 토익 웹사이트 http://exam.ybmsisa.com/toeic/info/history.asp

33) 토익 웹사이트 http://exam.ybmsisa.com/toeic/info/history.asp

34) "영어의 실용성을 강조하며 글로벌 인재 육성 및 영어 교육에 기여", 토익 뉴스레터, 2007 VOL. 42

35) "영어의 실용성을 강조하며 글로벌 인재 육성 및 영어 교육에 기여", 토익 뉴스레터

36) "TOEIC과 국가공인 영어시험, 어떻게 생각하십니까", 토익 뉴스레터, 2007 VOL. 40

37) 하지만 접수비가 2011년 현재 3만 9,000원이군요. 응시자 수가 200만 명이라고 가정해보면 2011년 매출은 780억 원이 될 듯합니다.

38) 윤상진, "분기보고서", (주)와이비엠시사닷컴, 2007년 2월 14일, 20-21

39) "TOEIC과 국가공인 영어시험, 어떻게 생각하십니까", 토익 뉴스레터

40) 김희웅, "한국형 영어 시험 필요", MBC 뉴스데스크, 2006년 10월 31일

41) 김남인, "토플 응시 인원, 올 7만 명 더 늘리겠다", 조선일보, 2008년 6월 26일

42) 김남인, "토플 응시 인원, 올 7만 명 더 늘리겠다", 조선일보

43) 최화섭, "분기 보고서: 2010년 1월 1일~2010년 3월 31일", (주)크레듀 금융위원회 한국거래소 귀중, 2010년 5월 17일 http://kind.krx.co.kr/external/2010/05/17/001070/20100517002309/11013.htm
44) 최화섭, "분기 보고서: 2010년 1월 1일~2010년 3월 31일", (주)크레듀 금융위원회 한국거래소 귀중
45) 김진용, "텝스 시행 10년, 어디까지 왔니?", 서울대저널, 2009 통권 100호, http://www.snujn.com/site/art_view.html?id=1875
46) 서울대, "재원 확보를 위한 수익사업 검토안", 2010년 2월 http://sjoh.org/snu/finance.pdf
47) 남보라, "서울대, 텝스 응시료 24억 떼였다", 한국일보, 2011년 1월 10일
48) 이철호, "세계 행동의 날 조직위원회 토론회: 신자유주의 세계화 반대 투쟁과 국제연대운동의 전망", 민주노총 회의실, 2008년 1월 22일; "교육부 설문조사 결과, 국가영어평가시험 개발 필요 73%, TOEIC을 통한 영어능력평가 60%가 부정적", 뉴스와이어, 2006년 11월 28일
49) "한국 성인 영어 실력 아시아 3위", 연합뉴스, 2011년 4월 1일
50) 박민식, ""취업난에…" 석·박사 100만 명 시대", 한국일보, 2011년 6월 2일
51) 조성아 "[18대 국회의원 299명] 학맥·부동산 완전 해부", 일요신문, 2008년 6월 8일
52) 윤상호, "[인사] 삼성전자 2011년 정기임원인사 부사장 승진자 프로필", 디지털데일리, 2010년 12월 8일
53) 조수연, "제일모직, 임원 12명 대규모 승진", 패션저널, 2010년 12월 9일
54) 이철현, "대한민국 대기업 임원 그들은 누구인가", 시사저널, 2011년 4월 27일
55) 서울대학교 정치학과 홈페이지 http://polisci.snu.ac.kr/faculty1.html
56) 연세대학교 경영대학 홈페이지 http://ysb.ysb.ac.kr/ysb/faculty/faculty/list.php?specialty_seq=1&anseq=1020100
57) 조철현, 〈교수 임용 현황으로 살펴본 해외박사 우대 실태〉, 대학교육 제138호,

2005년 11 · 12월
58) 문일호, "조지워싱턴大, 이건희 · 이명박씨 등 거물급 동문 많아", 매일경제, 2006년 5월 11일
59) GW 회비 운용 현황, 조지와싱턴 대학교 한국총동문회 웹사이트 http://www.gwalumni.co.kr/
60) 조지와싱턴 대학교 한국총동문회 웹사이트
61) 정철연, 〈이태원으로 떠나는 맛집 세계여행〉 1편, 2편, 마조&새디 블로그 http://blog.naver.com/PostList.nhn?blogId=majosady&categoryNo=19¤tPage=2
62) Bao Ong, "Kimchi Chronicles", Diner's Journal http://dinersjournal.blogs.nytimes.com/2010/12/08/kimchi-chronicles/
63) STUART ELLIOTT, "A Growing Population, and Target, for Marketers", *The New York Times*, 2011.4.5
64) SAM DILLON, "Foreign Languages Fade in Class-Except Chinese", The *New York Times*, 2010.1.20

3부

1) 김성탁, "'해외 경험 없는데도 토플 만점' 대원중1 성휘연양", 중앙일보, 2011년 8월 27일
2) 대원외고 홈페이지 http://www.dwfl.hs.kr/introduction/introduction06.asp?RET=&
3) 대원외고 홈페이지 http://www.dwfl.hs.kr/school/school03.asp?RET=&
4) 청심국제중학교 웹사이트 http://www.csia.hs.kr/school/objectives.asp
5) 김이삭, 강희경, "국제중에 목매는 학부모와 아이들", 한국일보, 2008년 9월 16일
6) 김소연, "영어몰입 안 한다더니… 서울 초등 32곳 시행", 한겨레, 2008년 7월 28일
7) "고교 학비도 '1,000만 원' 시대", 조선일보, 2009년 9월 21일

8) 여정민, "자녀를 '귀족학교'에 쭉 보내면… 학비만 1억 7,000만 원", 프레시안, 2010년 10월 20일
9) 여정민, "자녀를 '귀족학교'에 쭉 보내면… 학비만 1억 7,000만 원", 프레시안
10) 정민영, "국제중 진원지 '청심'… 1회 입학생 100명 중 27명 떠나", 한겨레, 2008년 10월 14일
11) "고교 학비도 '1,000만 원' 시대", 조선일보
12) 여정민, "자녀를 '귀족학교'에 쭉 보내면… 학비만 1억 7,000만 원", 프레시안
13) 초트 로즈메리 홀 웹사이트
http://www.choate.edu/aboutchoate/quickfacts.aspx
14) 최은혜, "외국인학교 전국 48곳… 학력 인정은 1곳뿐", 머니투데이, 2011년 9월 9일
15) 한국국제학교 웹사이트를 보면 선생님들의 절대 다수가 미국 대학 졸업장을 갖고 있습니다. 몇 명 캐나다 졸업장을 갖고 있는 선생님도 있고, 중국 대학 졸업자도 있습니다. 하지만 전체를 통틀어 동양인도 드물뿐더러 그 중에서도 한국 성을 가진 분도 몇 안 됩니다. 그나마 한국 대학 졸업장을 가진 분은 딱 두 명입니다.
한국국제학교 웹사이트 http://www.kis.or.kr/info/info01_01.asp?staffGubun=F
16) 한국국제학교 웹사이트 http://www.kis.or.kr/admission/adm04.asp
17) 윤석만, 남윤서, "〈대한민국, 공존을 향해 2부 6〉 '영어 계급사회' 맘이 편하십니까", 동아일보, 2010년 8월 6일
18) 국어 점수를 위해 유학을 가지는 않습니다. 수학도 물론 고액 과외가 있지만 유학 등의 극단적인 투자를 하더라도 효과가 극히 의심스럽습니다.
19) 한준규, "올해 서울대 합격자 출신 고교 분석", 한국일보, 2011년 2월 22일
20) 대원외고는 명문 대학 진학으로 유명해진 지 오래입니다. 2011년 대입을 살펴보면 대원외고가 70명을 서울대에 합격시켜 89명을 보낸 서울예고에 이어 두 번째로 많은 서울대 합격생을 배출했고 연세대(101명), 고려대(119명), 이화여대(43명) 등 소위 상위권 대학교에 많은 학생들을 합격시켰습니다. 대원외고

홈페이지 http://www.dwfl.hs.kr/school/school02.asp
21) "〈사다리가 사라진다〉 대졸 부모와 고졸 부모, 자녀 수능 점수 20점 차이", 조선일보, 2010년 7월 6일
22) 양경아, "기러기 엄마, 자식이 뭐기에… '과부 아닌 과부'.", LA중앙일보, 2010년 4월 4일
23) 양경아, "기러기 엄마, 자식이 뭐기에… '과부 아닌 과부'.", LA중앙일보
24) 양경아, "기러기 엄마, 자식이 뭐기에… '과부 아닌 과부'.", LA중앙일보
25) Centers for Disease Control and Prevention
웹사이트 "Sexual Risk Behavior: HIV, STD, & Teen Pregnancy Prevention." http://www.cdc.gov/HealthyYouth/sexualbehaviors/
26) 최원형, "영어가 경쟁력? 실생활선 웹 로그인때나 쓰거든요!", 한겨레, 2011년 12월 13일
27) 행정안전부 "국가공무원 채용시험 관련 수험안내서" (2011년 9월 30일), 43쪽
28) 2011 공직채용박람회 웹사이트 http://www.gojobs.go.kr/sub/inc/01.html
29) 법무부 웹사이트 http://www.moj.go.kr/barexam/
30) Christopher Helman, "The World's Happiest Countries", *The Forbes* (2011.01.19)
31) 통계청 웹사이트 http://www.kosis.kr/metadata/main.jsp?c_id=1962009
32) 신자유주의 경제 논리의 문제에 대해서는 《그들이 말하지 않는 23가지》 (장하준, 부키, 2010)에 잘 나와 있습니다.
33) PABLO FAJNZYLBER, DANIEL LEDERMAN, & NORMAN LOAYZA, "Inequality and Violent Crime", *Journal of Law and Economics*, April 2002
34) 선대인, 《프리라이더》, 더팩트, 2010